中国民宿

生活美学
系列图书

山中小住

稻田读书 —— 主编

中国旅游出版社

磐安自古多山、多水，
青山的阻隔让人能够享受"天路之上"的美景，
也留住了山坳里的传统村落和古朴民风

目 录
Contents

第三章

山河小岁月　心与浮云闲

第四章
一院藏四季　碗里天地宽

时光如水，需懂得享受生活中的点点滴滴

第一章

暖暖远人村

依依墟里烟

山森三室

此心安处是吾家

文 简 儿

人间烟火，
代表了日常，
吃食与家的概念。

下高速十分钟，沿着蜿蜒的山路，来到一个小山村。小山村名叫马讨山村。

陈姐的民宿就叫山森三室。

山是马讨山，森是进来有一片森林。三室，三个房间的意思。

而《三生三世十里桃花》是唐七公子的一部小说，也是一部热播电视剧。

来这里的客人打趣道：怎么没有十里桃花呢?

陈姐笑着说，我有一个小院，栽了一株桃花。有个意思就好了嘛。

村子素朴，进村时以为只是寻常小山村，及至到了山森三室门口，才觉得这地儿不一般。一间茅舍，石头垒的篱笆，从木门中映出苍苍翠色：蜿蜒的石径，参天的古木。沿着台阶往上走（我数了数，足足有六十六级呢），来到一方庭院，庭院中栽了蝴蝶兰，淡紫色的花朵，似淡紫色梦境。

参天古木，错落有致。有桂花树，枇杷树，板栗树，海棠树。还有一片竹林。竹子大且直，风吹竹叶，发出温柔的喧响。

一幢木屋建在山顶上。木头廊柱，木屋顶，墙面也钉了木条。这一幢林中小屋，宛如童话里的小屋。

1

马讨山村是一个小山村，这个自然村只有七八十年的历史，当初这一片山属于深泽乡，居民聚居区离这里有五公里路程，上来耕作麻烦，于是每个村就派一户人家上来，一共 9 户人家上了山，在此定居繁衍生息。

山上统共三幢房子。陈姐家一幢，她公公婆婆一幢，还有另外一幢。后来，一场山体滑坡把几幢房子压塌了。村民陆续搬到山下。陈姐婆婆的一幢修缮以后，婆婆单独一人居住。老太太一个人住着也很孤独，陈姐想，老人年纪大了，也该过点儿舒心日子，不如把老屋翻新。

说干就干，陈姐请了设计师，设计了一栋林中小屋。陈姐喜欢那栋老房子，基本上保持房子原来的样貌：三开间，两层小楼。为了安全坚固，内部采用钢架结构。外面包了木头。老房子拆下来的木梁、木头椽子，由老木匠把木头掏空，包在钢架上，仍做成一根木柱子。

拆下来的木楼板，用刨子纯手工刨去粗糙表面，再用砂皮打磨过，刷一层清漆。

一楼的墙面也用木条包起来。木板须一根根刨过，再一片片钉上去。请五六个小工，三四个老师傅。足足干了三个月。

一个老木匠，一天挖一根柱子。

三百多块买回来一根木头，工钱三百多块，七七八八加起来，一根柱子一千来块。

"来的人都说好看，我这幢小木屋，整个磐安只有一个，金华有一幢，在喻斯村。那家主人是我朋友，抄作业来着。"陈姐的先生陈大哥告诉我。

这一座房子里里外外用了好几卡车木头。原屋拆下来的老木头远远不够，就去买别人家老宅拆来的，足足运了几卡车。这些木头上，有着岁月的痕迹，虽然打磨光滑了，看不见烟熏火燎的痕迹，可是那气息依旧在。木头是杂木，香樟、松木都有，只刷薄薄一层漆，所以散发出淡淡的香气。

我果然闻到一阵淡淡的香气，以为是香水味儿。陈姐说，没有呢，就是老木头的香气。满室馨香，如入芝兰之室。

陈姐说："我喜欢温暖的旧物。我做民宿的初衷，是想把山村的旧物，古老的传统保存下来。"

"回到这林中小屋，就仿佛回到童年时，端着一只碗去串门，谁家有好吃的统统吃了一遍。到现在我还留恋那过去的日子，觉得美极了。疫情期间，村子里的人都来到林中小屋，屋子里开了地暖，暖烘烘的，桌上摆了瓜子话梅茶水，大家打牌的打牌，喝茶的喝茶，好不

热闹。好像回到亘古悠久的时光中。"

村子里的人对林中小屋并不觉得稀奇，本来嘛，它保留了老屋的样子，就是记忆中的三十年前的小屋。屋内的摆设，一个煤油灯，一把小竹椅，都是山村的旧物。他们见到了，也只是惊讶一声：哇，你家还有这把小竹椅啊。于是坐上去吱嘎吱嘎摇一阵，说这真是一把好竹椅，用了几十年了，看着快散架了，可是还能坐人，看起来可以继续使用几十年。说的人笑哈哈的，听的人心中亦觉欢喜。是啊，光阴不疾不徐往前去，那满脸皱纹须发皆白的老翁，归来仍是少年。

我爱煞了廊檐下的旧物，一溜排吱嘎吱嘎响的小竹椅，一柄镶嵌了布条花边的蒲扇。它们仍是童年的模样，教人生出怀旧之心。

古老中国，雅乐民间，藏着一切素朴美好之物。

旧物暖心，亦有光亮。从旧物身上亦可窥见女主人的性情：细腻、柔情、美好、温暖。陈姐娓娓道来一只瓦罐的故事。那只瓦罐，是从前祖爷爷、祖奶奶留下来的，用来酿酒，腌萝卜干，储存豆子、玉米。也有装茶叶的罐子，盐罐子，猪油罐子。从前过年，乡下杀年猪，熬了一罐奶白色的猪油，藏在碗橱里，下面条，捞一勺猪油，撒一把小青菜。小时候吃过的东西，是世上最美味之物。现在仍爱吃这一碗青菜面，怎么吃都吃不厌呢。

2

早上，陈姐给我们下了一碗面条，加了小青菜、猪油，底下还卧了一只鸡蛋。陈姐把最爱之物分享给我们。她说："我总忍不住想要

聊天，插花，做饭，一天的光阴很快就过去了

把自己喜欢的东西分享给客人。我自己吃什么，就给客人吃什么。我自己用什么，就给客人用什么。"

只要在磐安，陈姐就会回到林中小屋。这是她的家，有客人时，与客人喝茶、聊天、插花、做饭，一天的光阴很快就过去了。若是没有客人，那就在院子里拔拔草，拾掇拾掇。院子太大了，请了一个养护工。可是大多数活还是自己干的，出出汗，动一动，什么烦恼啊忧愁啊一扫而空了。人是需要劳作的，在劳作中得到欢愉。要是一天懒散地坐着什么也不干，倒是浑身都觉得酸痛不舒服了。

森林中住着许多精灵：啄木鸟，蛇雀，白鹭，松鼠。夜晚，经常有客人听见啄木鸟笃笃笃敲窗子。啄木鸟不怕人，有一天早上，客人打开窗子，看见一只啄木鸟乌溜溜的眼睛盯着她看，心里欢喜极了，以为它是来造访的朋友，亦朝着那只啄木鸟嘻嘻笑。

蛇雀衔着小蛇，飞过来飞过去，也不惧怕人，还有松鼠在林间跳跃。这些森林中的精灵，亦是林中小屋的密友。因为它们的造访，林中小屋增添了热闹的气息，纵使一个人住在里面，也不会觉得寂寞。

有个客人，来这里一住就是一个礼拜，关掉手机，把所有事务都交给助理。只是在这里吃饭，喝茶，发呆，就像给心灵做了一个Spa，那些尘世的喧嚣、烦恼，统统不见了，一颗心忽而安静下来。这就是林中小屋的魔力。走进林中小屋，就像走进一个童话，而你，仿佛也变成了童话里的人。

3

陈姐五十来岁，率真，笑起来一脸明媚，仍像个少女。她说自己是被老公宠爱的女子，所以任性、脾气暴。说话间，我们见到好脾气的陈大哥，一脸笑呵呵。

陈姐和陈大哥，看起来还像一对恩爱的小夫妻。其实呀，陈姐要做奶奶了。上半年，儿子结了婚，儿媳怀孕了。她欢喜得什么似的，给孙儿想名字。要是生个女宝宝，就叫雨馨、思琪、若澜。男宝宝，则叫子谦、伟博、宇航。至于乳名吗，叫壮壮、萌萌、小甜心、小贝壳。不管是女宝宝还是男宝宝，陈姐都喜欢。陈姐说，两个孩子都孝顺。每个礼拜都从金华赶过来看他们，买好吃的给他们。"想到我要当奶奶了，有时候心里恍惚呢，觉得一辈子真快，人生都过半了。我还总以为自己是个小姑娘。"可不是么，五十岁的陈姐，眼神清亮，

一颗心忽而安静下来，这就是林中小屋的魔力

笑起来一脸灿烂，可不是个如假包换的小姑娘么。

　　人生的转折点在儿子出生以后，陈姐和陈大哥到金华去做装修。一待就是十六年。十六年里，赚到了钱，身体却渐渐出了状况，觉得很累，夜里却睡不着觉，想着要是这样下去可怎么办才好？于是给自己按下了暂停键，回到老家改造老房子，建民宿。改造老房子的时候遇到很多困难，也觉得很迷茫，最大的困惑是：想要呈现出来的究竟是什么？

　　渐渐在过程中一点一点梳理思路。眼前出现了木屋和庭院的轮廓。

　　门口的青石，看着很普通，都是百里挑一，一块块挑选出来的。

　　看到的很容易，过程却很艰辛。

门口的青石，看似普通，却是百里挑一，一块块挑选出来的

你想呈现给大家的是一间怎样的民宿？

"我想呈现一个家。一个原汁原味、质朴无华的房子。我想把原来的'家'呈现出来。譬如一扇门，是七十岁的老木匠做的，老式手艺，玻璃上有个木栓，一是可以当把手，二来也不容易撞头。还有一盏煤油灯，从前打更的人提着走夜路，去猪棚喂猪时也提着，你看设计很精巧，上面有个按钮可以调节火焰大小。这是古人生活的智慧。"

4

山上多野果。有山楂、板栗、杨梅、野柿子。野柿子长得比人家院子里栽的柿子要小一点儿，贼甜。晒野柿子干很好吃。还有野生板栗，个子也小。这些都是鸟雀把种子叼去吃了，拉出的种子，散落在山里长出来的树。还有野石榴，趴在地上，结的果实红艳艳，外面长了一根根软软的小刺，吃起来甜甜的。吃了野石榴，满嘴紫红色，像染了胭脂。

摘松果也是有趣的事。春天时松果小小的，淡绿色，长相完美，到了秋天果子裂开，颜色也变成深棕色，冬天，松果从树上落下来，变成了摆在桌上木托盘里我们见到的模样。

松果是啪啪啪掉到地上的么？

"不，轻轻地掉下来，几乎听不见声音。"

还有摘野菜。这里的野菜三月有荠菜，五月有紫藤花。六月，栀子花开了，摘下来清水里焯一焯就可以吃，也可以炒鸡蛋，炒雪菜。还可以沾上鸡蛋液炸着吃。放上一点葱花，吃起来味道是很美的。

我们所说的烟火气，离不开三餐四季吃食，有烟有火才有人家嘛。人间烟火，代表了日常、吃食与家的概念。

而我们说的桃花源，我理解的就是生活像桃花一样鲜艳，有滋有味。桃花盛开的时候是春天，春天万物复苏，代表着新生与希望，也是对美好生活的憧憬和向往。

"我有一个小院，栽了一株桃花，此心安处是吾家。"

说说你的理想生活？

"就是这个样子啊。早上睡到自然醒，去院子莳花弄草，哪里有一株花、一株草，心里都是清楚的。看到一朵花、一株草的变化，心里是欢喜的。"

一个人的心在这里，这里就是一切。

5

吃过早饭，陈姐带我们去赶集。山村仍沿袭着古老的传统，一周有两次大集。集市上闹哄哄的，卖芦花鸡的，卖蔬菜的，卖柚子的，卖果树的，卖衣服的，一派熙熙攘攘。

陈姐穿梭在里面，像一尾鱼游进了大海。"小时候就喜欢赶集呢，现在仍旧喜欢，有空就来集市上转转，我热爱这一股子人间烟火气呢。"

人间烟火与桃花源，并不相悖。在陈姐心中，平淡日常，人间烟火是最美的。而这烟火日常就是她的桃花源，等到老了，就坐在廊檐下的小竹椅上，摇着一柄蒲扇，逗逗猫，和小孙子说说从前的故事。

"单是想想就觉得很美好呢，都等不及想要快点儿老了呢。"

陈姐歪着脑袋一脸向往地说。

出过远门么？去过最远的地方是哪里？

"新加坡，马来西亚。我喜欢大海，所以有空就会去海边玩耍，舟山、大连、青岛，只要走在沙滩上，一颗心就感到自由极了，快乐极了。"

我想起在集市上看到一朵花，好像叫山海情，不知有没有听岔，我当即觉得那一朵山间小花，就是陈姐。一个自由、明媚、快乐、美好的灵魂，绽放在这宁静的小山村，林中小屋里。

九间天

古村晨昏，万物宁静

Ⓧ 文 周华诚

在这样的村庄里入睡，
简直就是一种奢侈了。

日落时分走进横路古村，一切都显得安静极了。

在别的地方，很少能看到这样古朴的村庄了——房子都是由乌黑的石块垒砌而成，铺成路面的石块缝隙里长满青草，石板路弯曲延伸在村庄深处，石板表面被脚掌鞋底磨得光滑发亮。炊烟在古老的村庄里升起，然后是昏黄的灯火渐次亮起，随着夜色的变浓，蛐蛐叫声和蛙鸣声像潮水一样弥漫开来。那些声音来自四面八方，虫声愈是清晰，这村庄却愈是显得静谧了。

在这样的村庄里入睡，简直就是一种奢侈了。

于是，晚上九点多钟，从北京来的客人爽爽就在这样的静谧里早早入睡了。在九间天民宿的一间客房，她像是

古老的石头房子，皆由敦厚乌黑的大石头砌成

清空了内存一样安然入眠，连手机都不会想去看一眼，一夜无梦，直到第二天八点多钟，被窗外的依稀鸟鸣叫醒。一切都像是回归到最自然纯朴的状态，她在这村庄日出而作、日落而息，跟横路的村民一样，遵循着大自然的规律与作息。

这已经是她第三次来到横路入住九间天了。

几乎没有任何别的目的，只是想在这里，感受宁静的睡眠、纯净的山野，体悟简单的日常。这是大山里的时间，跟大城市的喧嚣不同，横路村的晨昏之间，万物如此宁静。

横路古村和九间天给客人们留下的记忆，当然是宁静而美好的。这个历史悠久的村庄，是宋代著名理学家周敦颐后裔的聚居地，横路村里 98% 的人都姓周。他们都是《爱莲说》作者周敦颐的后人。为了纪念先祖周敦颐，村民们还在乌石古街中建了一座爱莲堂。这座建于清康熙十五年（1676 年）的建筑，曾是周氏家族集会的场所，如今是村里的老年活动中心。

村外一公里处，有一溪，因其水质澄清明澈，名为澄溪。溪中游鱼悠悠，水声潺潺。溪上跨一古桥，名曰"太平桥"。曾有人赋诗："清澈澄溪万古春，一湾一曲一桥新。"

古村的一头，层层台阶之上，那个名叫"九间天"的民宿也是机缘巧合的结果。民宿主人张小宝，是尖山镇尖山村人，人们习惯称他"张书记"，因他做过农民，打过工，开过厂，之前兼任过好些年的村支部书记。

2016 年，横路村计划在村里建设一家民宿，张小宝便将这个项目介绍给了一位宁波的朋友，吸引他来投资。在深山里建一座民宿，可不是一件容易的事。光是将原本倒塌的老房子改建，就花了两年的时间。工期漫长，建设民宿的投入也越来越大，再加上宁波、磐安两头奔波的辛苦，张小宝的朋友对这个项目没了信心，想找人转手。作为介绍人的张小宝，此时只好硬着头皮接手了这个项目。

又花了两年多时间，九间天终于完成了改造装修，开始正式投入运营。

九间天，果真是有它自己独特的风格。当你在古村中行走，面对那些古老而沧桑的事物感慨或拍照时，你是无法想象还有一间民宿是另外一种风格的。甚至当你拾级而上，一脚跨入九间天的大门之时，你也依然无法想象九间天房间之内的风景。因为从外部看，九间天跟别的古老石头房子一样，都是敦厚乌黑的大石头砌成，古朴而沉默不语。只有深入了九间天的院子，你才会眼前一亮——咦，原来这里还藏了这么一座雅致的建筑。

院子里有园林，有曲折的小径，有木构的回廊，回廊下还有鱼池假山，假山边悠游着几尾锦鲤。这样的陈设令人觉得安宁，仿佛一脚踏入自家的后花园。

这里的一切都是精致的。九间天的风格，更多的是在于一种对比——石头与木材的对比，坚硬与柔软的对比，粗犷与精致的对比，城市与乡村的对比，过去与现在的对比。

推开房间的门，不由一愣，好精致！

这就是一种对比，想想看，你刚刚还在当地体量最大的、古老的乌石建筑构成的村庄里徜徉。"横路古村，像一片飘落在玉山台地上的荷叶，有含露带风的清新，有清雅绰约的风姿，更有岁月磨砺的深情……"我的朋友在他的一篇文章里写到过横路村——"这个地处磐安县尖山镇的古村落，绵延数百年，清誉久流传。荷花开得最盛的时候，走进散发着沁人幽香的乌石街巷，顿生一种'可远观而不可亵玩'的敬畏感，此时，村静，心静，脚下发出的踢踏声，似乎传来悠远的历史回音。"

而现在，在一道厚重的石头墙内，推开民宿房间的一道木门，你发现现代城市时尚生活所必须的那些物件，在这里都有——冰箱、电动窗帘、智能马桶、按摩浴缸，以及强劲的热水、柔软的大床……一座历经沧桑的村庄就以这种直接的方式，与远道而来的客人发生了奇妙的联结。

九间天，有九间房，张小宝给每间房一个命名，分别是"柴米油

石墙裸露的肌理，是最自然的美

盐酱醋茶烟酒"。这些名字的意义，跟古村落一样相衬，既接地气，也不故弄玄虚，这里面其实都是小宝书记人生经验的总结。譬如说，"柴"，意思是，天生我材必有用，天生我柴也有用。柴是火焰，柴是能量。譬如说，"米"，就是粮食，最养人的东西，而好的情感，就像一碗温暖的米汤，相互滋养。"油"呢，非油腻也，乃滋润也。光阴的淘洗下，许多事物渐渐有了包浆，有了油润的光泽，这是时间的功力。"盐"，意思也很直接——"好的滋味，只要一把盐。最好的东西，往往都是最简单的。简单，而能大美。"

一间民宿，主人风格越明显，民宿的风格也就越鲜明。九间天也是如此。主人小宝书记年虽六十六了，但他依然对生活充满激情，对未知和新鲜的事物充满好奇之心。他说，"我希望再用三十年时间，

院子里有园林，有曲折的小径，有木构的回廊

把九间天打造成一张响当当的金名片！"

　　这就非常有意思了，张小宝是个"玩家"——他出生于普通农村家庭，养过猪、卖过豆腐，在村集体企业塑胶厂打过工，后被一家从事塑料制品的私营企业老板看中，得到重用，生活逐渐有了起色。到了41岁时，他创办了一家橡塑公司，后又被选举为村党支部书记。就是这么一个人，却不知怎么地痴迷上收藏，收藏的还是农耕记忆的东西。成套的木匠工具、完备的农耕器具，各种各样的生活用品，还有1000多本红色书籍，简直是琳琅满目。

　　前些年，他利用厂房的空间，建造了一个近1000平方米的农民博物馆，几千件藏品陈列出来，令人震撼。尖山社区还有一个"乡愁记忆馆"，房子是供销社的，之前闲置了20多年，一度濒临倒塌。

经过修缮后，成为"乡愁记忆馆"，展出当地人记忆里衣食住行等旧时生活物件，馆中所有藏品，也都是张小宝收藏和提供的。

张小宝有时会带住在九间天的客人，来这些地方转转，看看他收藏的东西，感受一下当地人的生活与乡愁。有时也会带客人到处去看山看水，出门的车费油费，一分不用客人出。高兴起来，张小宝还请客人吃饭。镇上哪家店的饭菜好吃，他一清二楚，吃完都是他掏腰包。这种行事风格，也常常让住九间天的客人受宠若惊——"走遍天下，这样的民宿主人，还是第一次碰到……"

九间天的名声，越传越远。隐于深山的横路古村，也吸引了影视剧导演的目光，他们把横路古村作为取景地。热播剧《三十而已》，就曾在村中的乌石老街、爱莲堂等地取景。很多知名人士如院士王松灵、演员林永健等人，也入住了九间天，留下了美好的记忆。

从村口经文昌阁进村，沿着乌石古街缓缓行进，一步一步走在乌石建筑的老房子间，也是走在历史的纵深处，整座村庄涂上了一层厚重的历史感。张小宝说，这是一条古驿道，也是一条古代的诗歌之路。在这条诗意的小路上走着，不知不觉，就走到了九间天民宿。

在九间天住几天，会有一种世外般的感受。因为住在横路村，就如同隐居在安静的时光里。这样的地方，一旦你离开久了，就会念念回想。

铜庐

漫煮流年 / 文 陈新森

茶汤的滋味，
在草、木、铜构筑的场景里，
展示得淋漓尽致。

噗，噗，噗……

这是铜壶煮茶的声音，也是静逸时光里，听得见的，内心的声音。

晚秋，风渐寒，金桂满院，杏叶转黄，深山小城磐安层林尽染，触目皆景。茶汤未品，心已"沦陷"。

坐在"铜庐"民宿小院，听微风呢喃，树叶飒飒作响，煮一壶老茶，忘却时间，远离繁忙。趴在窗前，或倚着摇椅，看大山里蓝得透澈的天，看溪水从院前缓缓流淌，看门前青山画屏般簇拥而来，尘虑渐消，身心安然。

花荫下，竹林旁，铜壶温，茶烟起，漫煮流年，饮尽芳华。一座院，一卷书，一壶茶，一缕风，深藏温暖静默

听微风呢喃，树叶飒飒作响，煮一壶老茶，可忘却时间

的力量。

磐安县城南郊云上花溪，"铜庐"民宿嵌合在云水之间，融合了传统铜壶艺术元素，一壶清茶煮时光，半卷闲书忘夜长，游离疲惫的旅人，在这里找到一处归隐的家园。

民宿主人俞永安，永康到磐安创业的铜三代，老家西溪镇与磐安新渥街道仅一山之隔。从小就帮打铁的父亲拉风箱，抡大锤。俞永安熟悉磐安的山水风物，喜欢老东家田园山居、与世无争的生活。2018年，他把自己经营的俞记堂从永康搬到磐安新城区，做壶、卖壶，煮茶、品茗，不仅把厂房安在了群山的怀抱里，还把心安在了这片火热的土地上。

从打铁艺到做铜壶，俞永安有过曲折与艰辛。父辈手上走村串户

一把纯正的好壶，是对时间和火候分毫不差的拿捏和掌控

打小铁，犁耙锄镢、锅罐瓢盆，叮叮喤喤中把苦日子撑下去，四溅的铁花点燃了生活的光亮。伴随工业化、城镇化进程的加快，传统铁匠行当日渐式微，铁制农具、生活用具手工活渐渐走入时光的深处，成为记忆中的老手艺。

曾有一段时间，茶道时尚，品茗成风，深谙市场之道的永康人旋即办起了不少铁壶厂，铁壶可谓喝茶利器，喝茶人没一两把有档次的铁壶算不上茶道中人。俞永安虽说打铁懂铁，知铁爱铁，却没有盲目跟风办铁壶厂，而是"人家淘金我卖水"，专门给铁壶厂配制壶柄，小壶柄鲜有人关注，却有巨大的市场空间。在给别人当配角中，俞永安积攒了"第一桶金"。

每逢回到老家，那把祖辈留下的老铜壶常令俞永安沉思良久。灶边的小泥炉上四季煮着茶汤，滋养和慰藉着一家老少困顿的时光。乌漆墨黑的壶身泛着幽光，那是岁月的包浆，多少温情故事犹如氤氲的水气，弥漫在永安心间。茶烟袅袅，日历翻新，在乡间，那把代代相传的铜壶，愈旧愈珍贵，愈看愈可人，蓦然回首，那才是传家宝、心头好。

"人家做铁壶，我选择去做铜壶，做有品质、有个性、能传世的铜壶，让铜重新回归家庭的日常。"俞永安明白，铜壶的制作难度远超铁壶。难，才考验一个匠人的心性与功夫。每一款与众不同、卓然不凡器物的诞生，都有着积淀已久的不变情怀，以及时光打磨的硬核功夫。

一千多度的高温将来自云南东川的优质紫铜化为铜水，快、准、稳，注入砂模，一壶一模，待冷却后，用小锤轻轻将模具敲碎，然后修整、打磨、翻砂、装柄，历经二十多道大小工序，才造就一把把造型各异、精美绝伦的铜壶。一开始，成品率不到百分之十，现在也只有百分之六七十，从设计、铸模、锻打、抛光、封蜡，到最后成壶，来来回回，日日夜夜，不知修改了多少遍，失败过多少次。一把纯正的好壶，是对时间和火候分毫不差的拿捏和掌控。每把壶的方寸之间，都盛满了俞永安的执着和梦想。

"铜庐"民宿一楼茶吧的两面背景墙，陈列着上百种铜壶，喜上眉梢、龙凤呈祥、梅兰竹菊、五福呈祥……每把壶都是中国传统文化的寄托，也是民间手工铜艺的传承。走进这里，每位客人都会细细打量、伸手触摸，惊叹于技艺的精湛，沉迷于器物的静美。

女主人陈仙珍一身汉服、古典优雅，落落大方地给宾客煮茶、分茶。有年份的老白茶汤色赤金，香气醇和，满屋芬芳。那把用了半年多的富贵竹铜壶，在冰冷与炙热的反复淬炼中，养出独一无二的质感，温润厚重、古朴典雅，每一次提壶与落壶都牵引众人的目光——

那壶沉稳、大气，包容、和美，有一种一见倾心、再见思恋的情愫。

茶桌上的铜香炉、铜茶盘、小弥勒茶笼、灵芝形茶架形成铜茶具系列，它们和铜壶一样，适合观赏、把玩，更适合做茶道具，小巧精致、娇俏秀逸，让人暗自欢喜。几把家族传承或旧物市场淘来的民间老铜茶壶，凹凸不平，磨损厉害，让人生出许多关于时间与器物的感慨。茶吧四周摆放着珍葵、佛肚竹、盆栽文竹、吊兰、绿萝，还有全实木结构装修，令铜的坚硬和冷峻，在绿意掩映和木香萦绕中，平添了更多的温情，优雅的冲泡，茶汤的滋味，在草、木、铜构筑的场景里，展示得淋漓尽致。

"铜庐"民宿由院落、客房、餐厅、室内茶吧和溪边茶亭等不同功能的空间组成。推开窗，步出院，舒朗的天、自在的风、明澈的水、滴翠的山，心中向往的大自然，真切地拥入怀抱。乡隐田园式的风貌，古法木结构的装饰，并不拘泥于三层墅院的古板森严，无间隔大浴池、大面积落地玻璃窗，让人一边沐浴在中药泡制的温汤里，一边赏尽四季山景还有暗夜星光，温馨浪漫似童话般美好，丝毫不脱离时代的节拍。房间内，铜花插、小铜壶、铜萌物的摆设与装点，无不透露出设计师的别具匠心，以及主人的体贴用心。

自然纯真，素朴简约，是"铜庐"民宿的整体风格，也是对"宋式美学"的崇尚与延继。屋旁，几竿青竹，曲径通幽，邂逅满心淡淡欢喜。院中，三二丹桂，花香盈鼻，留下岁月专属记忆。室内，点茶焚香，插花挂画，隔着时空和古人心意相通。在人们的记忆中，铜是冷冰冰的，一旦走入草木间，回归到生活中，温情自生，雅趣天成。对"铜庐"的理解，莫过于靠近或者走进。

铜壶的好，铜庐主人知道。铜壶的好，铜庐主人耐心地煮茶泡饮，努力让更多客人知道。"铜壶煮水有杀菌作用，析出的微量铜元素对人体有益。铜元素缺乏，会影响血红蛋白合成，使贫血难以纠正。用铜壶可以弥补一二。因此，铜壶又称养生壶。"女主人陈仙珍在每位客人面前放了两只小瓷杯，"来，细品一下，用铜壶和普通水壶烧的茶，有啥不同"。茶汤入口，一则甘甜鲜爽，一则干涩锁喉，众人品评，"果然不一样"。陈仙珍接着娓娓道来："《诗经》里就提过，铜壶煮茶，如仙琼玉浆。用铜茶壶泡茶，茶汤口感顺滑，滋味清甜，两相一比较，就知道铜壶煮泡的茶好。"

到底是爱庐及壶，还是爱壶及庐，这对于"铜庐"的老房客来说已经不重要了。有的人，住了"铜庐"爱上铜壶；有的人，买了铜壶爱上"铜庐"。主人干脆就来一个：住"铜庐"送铜壶，买铜壶住"铜庐"。壶与庐相亲相爱，相依相偎，就像小院前的白云山和花溪水，不离不舍，缠绵悱恻。

"铜庐"之外，现代生活在以加速度不停奔跑，车水马龙，繁忙嚣闹。一侧身，便发现了云（山）大（盘）公路旁的"铜庐"，一山一庭院，一壶一世界，理想中的山居乐园。带上家人，带上放松的心态，享受轻奢主义的品质生活和古朴自然的乡村气息，没有烦琐与复杂，只有纯粹与简单。当暮色四垂，喧哗褪尽，坐在小院藤椅上，煮一壶秋色，饮一杯清欢，看远山送走斜阳月又升，清风吹走烦扰，明月曜洗心田。

脚步慢下来，心便留下来。遇见"铜庐"，仿佛一场相见欢，等来生命中的知己，心甘情愿在草木和茶香中沉沦。

紫竹小院

远方的家，在风景里

文 周华诚

只要出了家门，四面都是风景点，
好山好水，真山真水。

在紫竹小院喝茶聊天，半小时后，民宿管家老张说，走，我带你去看看风景。

他骑一辆电瓶车，穿过隔山小区对面的马路，一路缓缓沿山坡驶去。山坡外边群山层层叠叠，最高的一座，老张说就是安顶山。那座安顶山，海拔有八百多米，山顶上有一个"天池"。安顶山是在新昌、天台、磐安三县的交界处，从山顶翻过去，那一面就是绍兴、台州，这一面属于金华，可以说是"一脚踏三州"。

遥望安顶山的这一面，山野茶园连绵起伏，绿意葱茏。茶园中间夹杂小部分的水稻田，秧苗青青，水光潋滟。

庭院雅致，有假山鱼池，也有修竹菖蒲

老张大名叫张伟荣，今年57岁。从杭钢退休之后，他就回到风光秀丽、生活宁静的故乡磐安来了。故土难离，虽然他的家人都在杭城定居，但他依然念念不忘自己的故乡。用老张自己的话说，"在自己家乡住着，一山一水，一草一木，都是很亲切的"。

老张管理着的紫竹小院民宿，是他兄长的别墅。兄长一家住在县城，这幢别墅闲着也是浪费，就装修得好一些，精致一些，拿来开了一家民宿。民宿开了四年，从第一年周边都是荒草开始，后来新宅社区隔山小区里有了四五家民宿。老张说，这个隔山小区与乌石村不远，开民宿的小气候，乌石村就要浓厚得多。相比之下，这附近显得十分清静，民宿的生意也显得"佛系"一些，客人大多都是回头客，住过之后，下次还会选择来这里。

　　说起来，紫竹小院的特色还是很鲜明的。首先是有一个十分雅致的庭院，庭院里建造了一个水池，有假山金鱼，修竹菖蒲。"宁可食无肉，不可居无竹。"几竿紫竹，为小院增添了许多雅韵。其次是紫竹小院的设施很是齐全，有书房，也有健身室，客人来了，既可焚香读书，也可素手调琴，还可以打打乒乓球，或在跑步机上燃烧一下多余热量。

　　紫竹小院的卫生和服务，一直是备受客人称赞的。有时候，客人们上山挖笋，或是去市场里买了菜，拿回来自己烧也行，老张给他们烧也没有问题，都不另收费用。紫竹小院的饭，是一种很特别的铜缸饭。这是一种铜壁厚重的缸子，做饭的时候，米放入铜缸，再加适量的水，架在炉火上烧。饭熟的时候，满室飘香。铜缸饭尤其受上海客人的欢迎，因为铜导热快，热量不是只从底上传导上来，而是整个缸都是均匀热起来的，这样做出来的饭特别香甜好吃。

　　紫竹小院的拿手菜，是陶罐的泥缸菜，其实也是一种煲。冬天冬笋煲、腊肉煲、夏天冬瓜煲、茄子煲，都让客人欢喜不已。山里的食材是最鲜活的，蔬果都是直接从地头枝头采摘的，土鸡土鸭或是大鱼小鱼也是本地食材，这样做出来的美味，让很多客人感叹，这才是真正的山野风味。

　　客人们住在紫竹小院，老张也把大家当朋友，一起喝茶，一起喝酒。有空了，就带上客人去爬山涉水，去看看风景。老张说，虽然民宿本身不在风景点上，但是只要出了家门，四面都是风景点。好山好水，真山真水，磐安的风景都是大自然造就的，没有什么人工的痕迹。

只要出了家门，四面都是风景

　　比如十八涡景区，就是自己村内的风景。这是 4A 级风景区，远古造山运动造成强烈的地形切割，流水和冰川长期冲刷侵蚀，一起造就了大峡谷奇观。从民宿出来，散着步就走到了十八涡景区。有"冰臼之父"之称的中国地质科学院地质研究所韩同林教授，曾对景区作了地质考察，发现了国内迄今为止保存最完整的夹溪大冰臼，并留下了墨宝，写下"天下第一冰臼"几个大字。

　　再比如舞龙峡景区，也是国家 4A 级景区，潭、瀑、湖、石、山、林等景观，同样让人流连忘返。从紫竹小院出来，走路十来分钟，也能到这个景区。

　　稍微远一点儿，还有水下孔景区、乌石村以及玉山古茶场。在路边拦个车，或是老张自己送大家过去，开车不过是十分钟内的事情。

这么多的风景,也都在家门口了。有客人来紫竹小院住着,每天上午出去看风景,下午就在民宿里休息,读读书,写写字,悠闲得很,一住就是半个月。他们开玩笑说,能住在这样的地方,过这样的生活,生命质量比在上海高了不知道多少!

即便是在紫竹小院长住,也不会有太大经济负担。房价一天不到三百元,而且一年四季都是一个价,碰到节假日也不涨价;吃饭另算,一个人一餐,不过三十元。至于喝点酒,泡壶茶,那都是各尽其兴,不用算钱的。老张也淳朴,客人走的时候,还会送一点土特产,有什么刚摘的蔬菜,顺手也就送了。客人喝了民宿的磐安绿茶,若是觉得很好,老张也可帮助代向山农采购,一分差价也不赚取。

就是这样,一传十,十传百,紫竹小院的客人也是口耳相传,四季不断。对于老张来说,这山里的一切是他自己的家,自己的故乡,也是一种退休后的生活方式;对客人来说,这里也是一个家,是远方的家,是离开之后会常常想起,还想要回来住几天的地方。

老张带我去看的风景,是只有他知道的隐秘地方——这个山头上,可以俯瞰整座大峡谷,峡谷中间是玉带般的江水。对面山上,一条瀑布仿佛从天而降,分成几截泻入江中。老张站在山巅,面对如此恢宏壮阔的景色,不由自主挺直了腰杆——家乡真的太美了。

@ 磐安文旅

陡壁森然,溪涧蜿蜒,跌瀑险涡 浙中大峡谷,磐安十八涡

打开抖音搜索页扫一扫

儒林雅舍
九房与九思　　文 松 三

回到村庄已经十年，祖宅与村庄，
从回来时的破败、垮塌，到现在修缮得古今融合，
孔一万大约拍了几十万张照片，
这是他的记录，也是他的追慕。

1

"啪嗒啪嗒……"

是雪粒子蹦在楼板上的声音。

"踢踏踢踏……"

是小老鼠大老鼠成群结队爬在楼板上的声响。

雨飘进来了，风吹进来了。

摊晾在地板一侧的土豆正在没日没夜铆足了劲儿往外发芽。

小小的孔一万缩在重重的棉被中，听着一年四季屋子里这熟悉的声调。

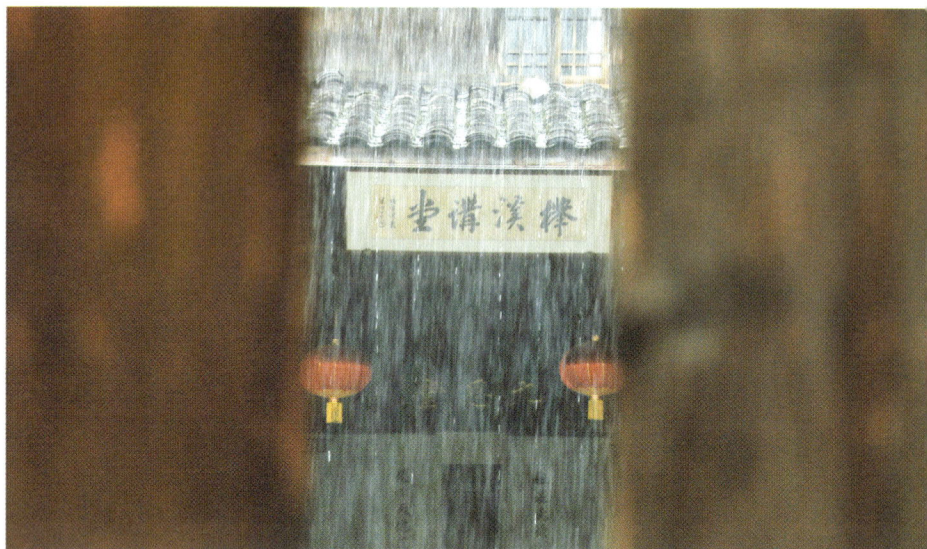
村中的孔氏家庙始建于宋宝祐二年（1254 年）

楼下的猪圈里，还有小猪母猪发出酣睡的声音呢。

孔一万真是讨厌极了这房子。

这漏风漏雨的房子，这动物和人住在一起的房子。

孔一万想，为什么人会和风雪雨露、土豆番薯还有老鼠蜘蛛蚂蚁
住在一处？

2

"从前的房子，瓦片下有望席，这样瓦片在陡峭的屋顶上就不会
滑下来。"

孔一万家的祖宅，是三面围合的传统三合院，两层木结构老房
子，下层做饭养家禽，上层起居、铺晾谷物。一共十五间房，九户人
家。在孔一万一两岁时，这幢屋子里的常住人口多达五六十人。

这里是磐安榉溪，榉溪原名桂川，一条河流自重重叠叠的岗峦上奔流而下，路沿溪而建，住宅也沿溪分布，山川秀美、村庄静谧。

已三十岁的孔一万身形精瘦，目光明亮。我们坐在孔家祖宅院落靠近门的一侧，一把阳伞遮住了山中明亮的日光，却遮不住从宽阔天井倾泻而下的蓝天白云。

祖宅在去年被改成民宿，孔一万命名为儒林雅舍。

因为只能保护性修缮，房屋维持着老宅原有的结构，一层把土灶一侧的空间改成卫浴空间，二层添加雅致的家具和洁净的帘子，一种新生活在古老的遗迹中不着痕迹地铺陈开来。

正厅的楼上，还有一方休闲空间。现代吧台、书、沙发，青砖墙上开出小小的窗，阳光透过小窗渗进，打出梦境一样的光影。在幽暗的古老空间里，我们仿佛能听见初夏的阳光在咔咔作响。

这是孔一万生于斯长于斯的地方，但这也是他曾经想逃离的地方。

3

一万是他的别号，他的真名是孔国军。

一万也是他出生的"代价"，他有两个姐姐，孔国军属于"超生"。

在那个连万元户都极其稀少的年代，这是一笔何等的巨款，故乡亲们称他为一万，轰动一时。家中变卖家产，在左邻右舍、父老乡亲们的帮助下，终于凑齐了罚款。但父亲远赴海南打工，走上漫漫还债路，自此身体也渐渐埋下病根。

小小的孔一万不懂忧虑，慢慢长大的他整日穿梭在村巷邻里。叮咚溪水，清白月光，山中的风啊水啊雨啊雾啊，都那么自由自在。

孔一万在自由自在中变成了所有人的孩子，他吃着百家饭长大——因为家中实在太穷，母亲靠一双手养活两个姐姐和自己，三姐弟上学的学费常常不知要从哪里来。

小小的男儿孔一万心里在想——有一天一定要到外面的天地中去，闯荡出一个自己的世界。

2011年，大学毕业了的孔一万选择去"遍地都是商机"的义乌。他学的是会计，帮公司做的却是产品。他更大的理想是，先学习几年，然后自己创业，在城市中稳稳扎根。

傍晚的夕阳斜倚在墙面，院落的卵石侧铺地均匀平坦，厚厚的青苔从缝隙中绵绵延延。天井下的院落与时光相遇久了，从地面漫溢出的绿色，挡也挡不住。

就像有些注定要回来的人。

就像孔一万。

在孔一万念高中时，父亲因积劳成病患肺气肿，一个小小的感冒就能让他喘不上气来。等到孔一万工作的那一年，父亲的病情更加不乐观，他对自己说，回去吧，回到故乡，回去陪陪父亲。

纠结萦绕于心。

村里的年轻人都往外跑，自己往回跑，能有什么花头呢？可至亲重要，自己还年轻嘛！大不了，过几年再出去闯荡。

这一年，正巧赶上村庄要发展乡村旅游，计划招收两名解说员。

年轻的孔一万不意外地入选了。村庄年轻人实在太少，消息不灵，宅居破败，成群结队的鸡鸭鹅，常旁若无人游走在村庄。

坐南朝北的古宅布局，是彼时乡民为表达思乡之情特意为之

4

孔一万做讲解的，首先是一座赫赫有名的家庙——孔氏家庙。

这座坐落于榉溪村老村中部的全国重点文物保护单位，始建于宋宝祐二年（1254年），是全国第三座孔氏家庙。800多年前，孔子四十八代孙孔端躬南渡安家于此，兄弟孔端友寓居衢州。

当然，这些都是孔一万当上解说员后才慢慢了解到的。

他还发现，原来全村人都姓孔。

原来自己也是孔子的后代。

如此"一无所知"，解说当然不容易。孔一万并非旅游专业出身，村中的资料又少。他做起了田野调查，围绕着家庙，他"采遍"村中的老人家——家庙是什么时候建设的？其间发生过哪些大事？出过什么名人？

这些远远不够，游客往来，问的问题也五花八门，比如有问孔一万辈分的，有问家规家训的，有问建筑结构的，还有问孔一万自不自豪的……被问到哑口无言是常有的事。

怎么办呢？买书看，关于孔子、孔氏家族、孔庙、古代建筑……历史家族的脉络在厚厚一摞书中浮现出来……

原来村庄古宅一反常态的坐南朝北，是表达思乡之情。

原来自己，不是轻飘飘的一个人，作为孔氏后人，身后有如此丰富的家学渊源。

他以"君子九思"来命名儒林雅舍的房间。君子九思，出自《论语》：视思明，听思聪，色思温，貌思恭，言思忠，事思敬，疑思问，忿思难，见得思义。是指作为一个君子要思考的九件事。

回到村庄已经十年，祖宅与村庄，从回来时的破败、垮塌，到现在修缮得古今融合，孔一万大约拍了几十万张照片。这是他的记录，也是他的追慕。

年轻人回来的仍然不多，父母留在县城，但曾经向往的自由逐渐落成这山川中的安定，孔一万笑笑说：

"这是一个认识自己的过程。"

已是乡镇工作人员的他，仍然承担着榉溪讲解员的工作。待人温和，举止有礼，九思，何尝不是让他也成为了自己。

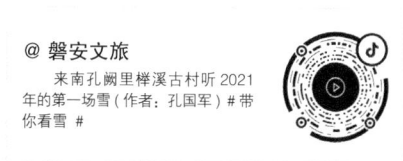

@ 磐安文旅
来南孔阙里榉溪古村听 2021
年的第一场雪（作者：孔国军）# 带
你看雪 #

打开抖音搜索页扫一扫

澄溪望谷

乡野，古村，慢时光

文 吴卓平

每次行走于乌石路上，
总有一种时空穿越之感，不知今昔。

　　磐安，位于浙江地理版图的正中心，因此，很多人习
惯地称之为"浙江之心"。

　　这里自古便多山、多水，盘旋于蜿蜒山路是最日常的
出行状态。青山的阻隔让人有大把时光享受"天路之上"
的美景，也留住了山坳里的传统村落和古老的建筑形态，
以及世代传承的古朴生活。

　　横路村，便是其中之一。

1

　　横路，坐落于尖山镇东北面的胡宅乡，古风悠悠的淳

暖暖远人村，依依墟里烟

朴静美地。

"暖暖远人村，依依墟里烟；狗吠深巷中，鸡鸣桑树颠"，古诗里描写的美好景象，正是横路的模样。

可以说是一个既隐世又高调的小山村。说它隐世，因为它并不算景区，平常日子里并没有多少游客，村民们也依旧过着质朴而恬静的生活；说他高调，因为电视剧《三十而已》热播，作为取景地之一，横路村凭借颜值出圈，涨了不少人气和热度。

站在山上俯览，可以发现村子坐落于两山相夹的山谷之中，一条溪涧匆匆流来，像儿童般一路蹦跳着，来到村口，拐了个弯，又继续嬉闹着一路奔流不复返。

而我对于横路的感觉，那应该叫作一见钟情吧。

　　4 月的一个阴雨天，我第一次来到横路，立即就被它独特的气质吸引：村子奇迹般地保留了几近消失的中国传统农村聚居全貌；更完好地保存着一种原生态的人文状态；玄武岩叠造而成的民居，既留存着浓郁的古风古韵，又有着一种不同于传统江南印象的美。

　　所以，之后我便又来了三次，独自来，也领朋友来。这一来二去，便结缘了村内的民宿——澄溪望谷。

2

　　澄溪望谷，一幢白色小楼在村口众多楼房中颇为醒目。

　　门口便是从崇山峻岭间凌冽而出的澄溪，又因毗邻澄溪谷，于是，周哥、周姐便以这开门见山的景致为自己的民宿命名。

　　要说这望谷，可是一点儿不假。因为地势海拔的关系，民宿一侧便可以俯览青山，还常能看到对面云岚。出门步行十余米便是观景平台，澄溪便蜿蜒在山脚之下。

　　这里原本是一家农家乐，几年前，周哥、周姐为了升级服务品质，便按民宿的标准进行了一番装修、改造，于 2020 年重新营业。

　　民宿里的装饰，都由夫妻俩一点一滴慢慢布置。在参观了其他民宿之后，他们也将自己喜爱的元素融入其中，不急于求成，耐着性子，慢慢打造自己的家。小到一盏灯，大到床具家具，他们都亲自挑选购买。

　　一楼设置了专门的休闲区域，有茶几和小吧台，让人一进门便能立刻放松下来；再往里走，便是餐厅，磐安农家菜是这里的一大特

横路的路，是安静的，甚至有些肃穆

色；而楼上便是客房区，共有二十四间房，以二十四节气命名。每一个房间都拥有大飘窗，坐在窗台，捧一本书，看云读山，我觉得唯有这样才不辜负望谷之名。

"溪谷很美，一到夏天就成了孩子们的玩水天堂"，"横路的味道很独特"，"来到这里，就要静下来享受一下这里的好空气和慢生活"，"这附近还有一条澄溪古道，从前交通闭塞，我们走出大山或者回到村子，走的都是这条古道"……

坐在吧台边喝着茶，周姐已经向我介绍起横路的文化与特色。作为主人，这片土地的一草一木，她都如数家珍，也非常乐意与客人们分享。

3

一个清凉的午后，按照周姐的提示，我开启了一段奇妙的轻徒步体验，顺着游步道慢慢踱行，溪碛上的几户民居掩映于绿树间，格外宁静。农户旁的菜地，番茄红了，玉米飘着红白相间的"胡须"，辣椒垄上一枚枚辣椒挂在禾上，可爱、灵动。

沿游步道下到谷底，还偶遇了几位正在写生的美术系学生，写生画板上的绿水青山相映成趣，鹭鸟展翅飞翔，栩栩如生，灵动鲜活。

走近溪滩，我发现一枚枚如珠似玉的鹅卵石，石形别致。而更令人欣喜不已的是溪水，舒缓流淌，倒映着青山和树木，几只鹅鸭在浅滩上扑腾戏水，那情形似一幅流动的画，有一种别样的美。

溪流虽小，但周边的水下孔、十八涡奇景，正是由这样一些源头活水汇聚而成，不可小觑，尤为珍贵。

因生态良好，这里的水虽清，亦有鱼。

我捡起一块青石片，顺着溪水流淌的方向掷出，石片在水面起起落落竟打出了八九个水漂，那一刻，童年的欢快与喜悦，不禁盈然胸间。

忍不住联想，夏日的傍晚，如若浸泡在这样的溪水里消暑纳凉，该是何等的舒爽惬意呀。

4

澄溪望谷正好位于村口，似一个分隔号：从游步道往外走，是烟斜雨横的山野；而往村内方向步行，经文昌阁进村，却又是另一番光景。

溪谷幽深，竹木苍翠

这是一个用乌石垒造起来的村子，路面，墙体，台阶，石凳，皆由黝黑的玄武岩叠成。玄武岩系火山岩，呈黑灰色，质地坚硬，凝重而含蓄。

也正因为如此，横路的路，无疑是安静的，甚至有些肃穆。在澄溪望谷小住了好几天，每次进村，行走于乌石路上，总有一种时空穿越之感，不知今昔。

乌石路的两侧是高高的墙体，当阳光明晃晃地投影于黑灰色墙上时，总会形成一种鲜明的对比。

村内，见到最多的便是灰色与黑色，却不仅仅只有这简单两色——

横路村民热爱生活，房前屋后，往往种养些花草来装点居所，那随意散落的凤仙花，墙头倒垂的仙人掌，以及不小心窜出墙来的梨树杏树枝条，都为古村带来了一份生气与灵动。

而那些自由生长着的绿，我同样喜欢。台阶缝里的绿藓，为肃穆的古街增添了一丝柔软的气质；嫩绿的丝瓜蔓，挂满了门前墙边的竹篱笆，调皮些的，还沿着乌黑的墙壁往上爬，或挂上电线，骄傲地开出几朵金黄的花……

周姐说"横路的味道很独特"，我深表赞同。此情此景，倒有一种羡慕忌妒不小心滋长出来。

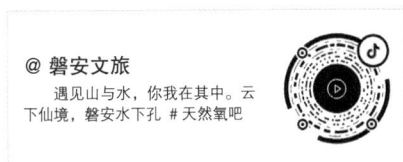

@ 磐安文旅

遇见山与水，你在其中。云下仙境，磐安水下孔 #天然氧吧

打开抖音搜索页扫一扫

山水雅客

借个小院简单生活 　　 Ⓧ 麻 布

在这秀丽山水间，
能有这股简单的生活，
真好。

磐安多山，尖山则在云上。

如果厌倦了城市的车水马龙，那么是时候去乡村过另一种生活了。

就来湖上村吧，来山水雅客这间坐落于村口不远处的民宿。

这里青山远黛，翠微深处是一首舒适的田园诗。拜访白云深处的烟火人家，三时三餐，灶头烹食。春是茶开满山，夏有蝉鸣雀语，秋布金黄丰收，冬享皑皑白雪，好一派"采菊东篱下"的悠然自得。慢慢地在这生活几天，我们也就明白，为什么那么多来自五湖四海的游人，一次又一次不辞辛劳地来此拜访。

新鲜的菜蔬，来自主人辛勤打理的菜园

老板周向群刚从一公里外采摘完蔬菜回来，他得意扬扬地给我看篮子里的战利品，表情像极了凯旋而归的狩猎者，他说这些都是自己种的，为的是来山水雅客的客人每天都能吃上新鲜的蔬菜。

2019 年 7 月，山水雅客正式营业了，算算时间，其实不长，可开张没多久就撞上了疫情。按生意人的思维，这营收的压力定是不小，但当我问起周向群，他倒是一副"闲云野鹤度此生，人生在世，自在最重要的"的模样。

也不意外，周向群不算是个"合格"的生意人，生意人需要点外向和精明，他的性格却内向、单纯，不擅交际。他说对来到山水雅客的客人，他没有太多的话术应付，更多时候甚至有点儿不知所措，每每与往来的客人相视一笑，不多久就静静地带他们去了房间，然后抽空去给他们采摘些瓜果蔬菜，想着晚上为客人张罗些什么饭菜。

与周边其他民宿热闹的场面相比，这里显得有点儿静。不只是这幽静的独栋小院"作祟"，也因为老板格外安静，这里里外外的，有着一股浓浓的极致简单的气息。民宿的房间不多，周向群亲自操刀设计，装修成了中式、日式、泰式等风格，他自己最喜爱中式的房间，因为简单。

"我就喜欢简单，最向往的也是极简的生活。前几年在金华工作，时间一久就有点心浮气躁。心心念念的还是儿时长大的乡间地头。"周向群说。所以他回来了，即使与妻子、孩子分居两地，他还是选择回到这片生养他的土地。

说来也奇怪，这山水雅客的客人倒不因为老板的话少而和他有生疏，就这一下午的工夫，进出的客人总会和周向群搭话，问他要不要吃自己从镇上买来的菠萝、干果，有些是老客，也有些是新客。

来这儿的客人形形色色，周向群几乎记得每一个人。去年的这个时候，有一位来自北京的女游客，四十岁出头，气质儒雅，但她的头发几乎全白了。女子在这里住了一周有余，每天上午就出去走走，下午点上一炷香，伏案抄经写字。

周向群也不多问。女子吃的很素，他每日为她蒸上点番薯，熬点小米粥，还炒点绿色蔬菜。女子是个很安静的人，穿着打扮朴素，日常喜好亦极其简单。走时，她说与这里很投缘，是自己在北京找寻不到的极致的宁静，还说以后得空了再来。交谈得知，女子曾经罹患癌症，术后一直在找一个修身养性的好去处，便寻到了此处。"虽然说话不多，但我感受到她是个很乐观的人。"周向群回忆道。

还有个男客人更有意思了。大致五十多了，来自上海，大概是个生意做得挺大的老板，因为在民宿也经常能听到他打电话谈一些资金

院子里里外外，透露着一股极致简单的气息

山中一住

量颇大的生意单子，不过更多时候，他喜欢独自在房间待着。

这个男客人有件特别有意思的事儿，喜欢在这里"做面"。他会做各种各样的面食，打卤面、酸汤面、烩面、热干面、炸酱面，等等，他不仅自己下厨房，还收周少群为徒弟，手把手教他，这一来二去，周向群也成了"面条大师"。现在你要是来这山水雅客住上七天，他做的面条估计能不带重样的。

"所以啊，来这里的客人也都挺有意思的。""不好奇他们的身份和故事吗？"我问。"不好奇，每个人都有过往的故事，但那是隐秘之所，只要来到这儿，就是朋友，不问姓名、不问年龄，只要静静地做些事就可以了。"

高山流水会知音。想了想，大概来山水雅客的人都是相似的。

回到尖山村后，周向群的生活简单了许多，每天晒晒太阳、喝喝茶，拔拔院子里的草，逗逗池塘里的鱼儿，压一压篱笆上的月季枝条。老婆偶尔会带放假的儿子来这里住上一段日子，他说老婆对于打理民宿庭院的要求比他高，特别注重细节。到了季节，这院子里的整面墙都开出花来，一片欣欣向荣的景象，总能吸引人停住脚步观赏一番。

他说，他喜欢乡村，这里安静，和城市不同。

他总想起儿时，一家人住在尖山村的四合院里。

从记事起，在一个院子里长大的小伙伴就总来他家看电视。那是1989年，周向群家里有了村里的第一台电视机，每天一到点，小朋友们拿着小矮凳子，一排一排地坐在楼梯上，大家目不转睛地盯着屏幕里的《大白鲸》《恐龙特急克塞号》，那是20世纪七八十年代，

房间皆由主人亲手设计

被冠以"惊险科幻片"之称的日本特摄电视连续剧，那时候国产动画还很少走入寻常百姓家。

小时候的尖山村很少村外的人进来，他喜欢去河边抓鱼、翻螃蟹、钓黄鳝。现在儿子课业繁忙，也没有像他小时候有那么多机会去田野里撒欢。

我问他，你对民宿的愿景是什么？"简简单单的经营，简简单单的生活，哪有那么多远大的愿景啊。"很符合他的性格，也不失山水雅客的这个雅字。

真好，在这秀丽山水间，能有这般简单的生活；真好，这般心简的老板总能迎来一些文人雅客。

久栖溪岸

枕山入梦，依水而息

文 ● 吴卓平

在这里，
拥抱自然是轻而易举的事情。

　　位于磐安花溪的田里壁村，一边是清澈流淌的溪水，一边是苍翠的山峦。

　　山与水交相辉映，就已让人神清气爽。

　　而久栖溪岸就在村口右转一个闹中取静的地方，走下台阶，推开院门，迎面便能看见一个宽敞的大院子和一栋白色小楼。

　　4月，正是清风徐徐的时节，站在院里，看对岸山峦的松竹随着风摇曳，春天的意味甚浓。

　　而这种清新自然的氛围，让人一到来就倍觉放松。

　　"好民宿要有家的样子"，这里原本就是民宿主人李哥、丁姐自己的家，一直生活的地方，所以他们身上的归

清新自然的氛围，让人一到来就倍觉放松

属感，会不自觉地传达给来这里的每一个人。

李哥说他喜欢有人情味的东西，做民宿亦是如此。

当晚，坐在那一方院落之中，任柔柔的山风拂面，树上的小夜灯也亮了起来。女主人丁姐给我们泡了花茶，大家吃着坚果、点心，一直聊到深夜。中途，还不断有其他客人加入我们的聊天。而像这样轻松愉快的相谈，想必也只有在民宿这样亲近、温暖的氛围里，才能更好地敞开心扉。

李哥笑称我来的正是时候，"春天的花溪，到处绿意盎然"。

确实，那一天，我目之所及，皆是色彩。

如果以无人机的视角来俯瞰花溪和田里壁村，可谓"景在村中，村在景中"：白墙黛瓦间点缀片片新绿，潺潺溪水伴着一路繁花奔流而去。

可谁能想象，"20 年前，这里还是一个不通路、不通车的偏僻一隅"。

彼时，李哥和大部分村民一样，守着一亩三分地，过着"脸朝黄土背朝天"的日子。而 1997 年的一天，县旅游局领着省市专家们来到花溪考察。全村还开了大会，集中商讨景区开发事宜。

"搞旅游？能行吗？"

李哥心里也曾犯过嘀咕，日子一天天过着，年轻人照旧外出务工，只有老人孩子留守的花溪似乎和旅游扯不上关系。

时间到了 2000 年，县委、县政府提出"生态富县"的战略，把旅游业作为一个新的经济增长点来抓。那一年的 8 月，一本内容丰富、资料翔实的《花溪风景名胜区详细规划》送到了村子，村民们逐字逐句地读了起来，"花溪风景区是金华市第一个市级风景区……绿化规划、环境保护等应有更高的要求"。

村民们开始相信，花溪搞旅游，有戏！

于是，大家伙积极投工投劳，景区内的公路、公厕、游步道等基础设施，都是村民们亲手建造。就这样，花溪景区成为磐安旅游的"开山之作"。

而四年前，为进一步提升景区品质，花溪景区与村子同步启动改造升级。看准了机遇，李哥和丁姐一商量，决定将老房子改造成民宿，"我认真观察过，来花溪的游客大多上午来，傍晚走，来去匆匆，只有留住他们，才能不辜负这一方美景"。

于是，经历了一番改造、装修，民宿于 2020 年 7 月正式投入运

山景，360度的，足够奢侈

营。与同期改造完成的花溪景区一起，迎来了八方来客。

取名"久栖"，正是为了留下更多的美好：奢侈的 360 度山景，山间吹来的清风，缥缈如薄纱般的山岚，能让人立刻沉醉于其中。

院落前恰好是一大片空地，溪水潺潺，青山为屏，可以聚会、可以打牌、可以聊天，甚至可以在树荫下发个呆。

当然，于我而言，除了自然景致，这里还有一张好眠的床，以及舒适的沙发。即便足不出户，只是坐在窗前，吹着风，看着阳光慢慢充盈起来，洒满每一个角落，光是待在房间里的时光，也足够美好了。

久栖溪岸营造的正是这种轻松、愉悦又明快的氛围。所以，家具和各类摆件，没有夸张的设计，也没有刻意而为的装饰，一切都为了和环境融为一体。白色墙面，素净淡雅；水泥磨光地面和原木色家具，展现着独特的美学气质……

看得出，李哥和丁姐是用心在布置民宿的每一个角落，"这里不是五星酒店或是高档会所，所以无须用浮夸的张扬来炫耀华丽，我们只是用一点点精致的细节来填满每个来客的内心角落"。

如果说"好民宿要有家的样子"，我想李哥和丁姐夫妻俩的确做到了。

@ 久栖溪岸民宿
与花溪景区一起，欢迎八方来客

打开抖音搜索页扫一扫

台门里

乌石村里的家　／　🅥 吴卓平

老宅的一砖一瓦，一椽一柱，
不仅见证了当年祖辈们对家与生活的无限爱意，
并且至今仍然散发出浓浓的温暖。

车子一驶入管头村，雨便说好了似的停了，迎接我的则是 7 月的艳阳，来不及将防晒装备"全副揣装"，眼前的景致便已吸引我拔腿向前。

那一排排全由乌石垒筑而成的古民居，粗粝古朴：乌黑色的石头，一块一块，层层叠叠，叠叠层层，严丝合缝地嵌合着，错落着；黑，似乎又没有那么黑；整齐，似乎又没有那么整齐，就这样巧妙地矗立在那儿。

从村口的导览牌上得知，民居筑造所用的乌石由两亿年前火山喷发的岩浆沉积形成，因此，管头村又被称为"乌石村"。而在我这个初来乍到者看来，村里的建筑，有一种质朴简单的意趣，如孩子们搭的积木一般，砖块大

乌石垒筑而成的古民居，粗粝古朴

小的乌石一层一层往上叠，叠到差不多两层楼高时，便停下来，盖上青灰色的瓦片。若是要开窗透透气，就在合适的位置，轻轻抽去几块石头，阳光立马就沿着新开的窗户跳进屋里，亮堂起来。

走走停停，半个多小时，已逛完小半个村子，与坐在房前的村民们攀谈，方才得知，古村已有百年历史，他们的祖辈属于迁徙而来开荒扩种的山民，彼时，垒砌石屋是必要的生活技能，人人都会这门手艺。而以乌石筑屋的好处在于：一是就地取材，方便；二是不需要借用更多的工具，比如说打夯土墙，只需要夹板等工具；三是建造起来的房子冬暖夏凉。

其实，以现代的眼光来打量，这门手艺包含了美学、物理学、工程学、材料学等，也筑就了管头村古朴醇厚的独特气质。

当然，走进这里，我还发现古村自带一种历久弥新的活力，自每

一角屋檐，一方天空，听雨，也听风

一条村巷、每一个拐角、每一户农家小院的艺术气息里涌现，在每一张风吹日晒的脸上弥漫、每一双眼睛里发光——

那错落有致的石屋，在蓝天白云的衬托下，显得自然、和谐与安详，炊烟袅袅，动静结合，水墨流畅，看惯了高楼大厦的审美疲劳顿然消失；雕花木窗外，或挑出一盏旧马灯、一株吊兰，抑或是几个竹筒风铃；拐角处的石墙上，随意散落着一些树根的横断面，那一圈圈年轮，仿佛一道道来自岁月深处的目光。

房前屋后的空地上，乌石垒成了一排排长凳，上面或晒着一簸箕笋干，或晾着几双布鞋；花架也由乌石垒成，粗细不一的圆竹筒将它隔成三层，上面摆着太阳花和多肉植物；一口古井旁，立着一只黑色酒缸，里面钻出一丛水灵灵的蕨类……这正是管头村的"时光场域"。

　　而这一片"时光场域"之中，还静静矗立着一家乡野美墅：台门里。主人陈为月夫妇俩正是管头村村民，民宿也由老宅翻修而来。从设计到装修，每个环节，夫妇俩都亲力亲为，各种辛苦自是不言而喻。好在老宅的一砖一瓦，一椽一柱，不仅见证了当年祖辈们对家与生活的无限爱意，并且至今仍然散发出浓浓的温暖。

　　为了留存心中的那份记忆，台门里的修建保留了相当的旧有格局，甚至还有一些旧墙画，能让人瞬间穿越回 20 世纪七八十年代。

　　客厅与房间的陈设，多是江南风物，也随处可见主人的慧心：古朴的容器，配上各色山野小花，恰到好处地装点着民宿的角角落落；山间顺手捡来的一根枯木，经过巧手加工，顿时化腐朽为神奇，摇身一变为极具艺术感的饰物；民间收来的老旧石槽，加固后配上高端洁具，瞬间点石成金。

　　与其说是慧心，毋宁说是主人热爱生活的一片拳拳之心。不禁感叹，能住进这一个"家"，倒可以更真实地贴近古村里的老日子了。

禾飘香

生活就是要过瘾

🅕 松 三

这是个渔村，
可又是个不一样的渔村。

1

一辆皮卡，轰隆隆向前。

两旁绿色极速倒退，初夏暖风从窗口灌入，盖不住洪和漂响亮的声线：

"这车好，能开到没有路的地方去！要找到这样的地方，我就带着老婆女儿再开一趟，颠来倒去，全家人都欢呼！"

现在，洪和漂是带着我们到镇上去。

他说，走，吃牛肉！是全方前最好的牛肉店。

他说，方前的馒头、糊拉汰、扁食、饺饼筒闻名四方，你们吃没吃过？

他又说，看吧，路下边那条是始丰溪，沿着这条溪流，可以一直走向天台。

位于磐安县东大门的方前镇，与天台、仙居毗邻，一条始丰溪横贯全境，溪流两旁绿色交叠，静谧安然。昨日夕阳西下，洪和漂就在这溪旁独自悠然野钓。

洪和漂的禾飘香，在方前下村，下村面向始丰溪。

一座四层小楼，院中花团锦簇。石桌鱼池、木桌花坛、跷跷板、秋千，洪和漂来回穿梭，四台小石磨圆圆如车轮，搭起一块四方大石，这是幸福花车。橘黄色的桌椅，靠背圆咕隆咚，朴拙可爱。

花园一侧，立着一个大大的"禾"字，比人还高，绿色的，在初夏浓烈的阳光下闪着光，迸发着鲜活的生命力，就像洪和漂自己。

2

说起来，禾飘香是方前最早的民宿之一。

2015 年，方前镇政府在整个县域打头做乡村振兴，要开民宿、做旅游。目标有了，却找不着人，当时留在村庄的村民年纪都一大把。当时的镇领导想，一定要找个年轻人回来带头干，选中的人，是当时正在县绿海工艺厂当总监的洪和漂。

在村民眼中，1978 年出生的洪和漂既踏实又肯干。就在我们见到他的这当口，他正风风火火忙着"收拾"一艘废弃的破船，打算把它改建成美丽乡村的小景观。

绿意盎然之中，满是生活的惬意和浪漫

要找到下村是蛮容易的事。驾车自 323 省道走，即将到达时，可见村口蓝色招牌迎面而来，上头昭示着，这是个渔村。

这是个渔村，可又是个不一样的渔村。

2015 年，镇领导给洪和漂推荐了一个钓鱼池项目，一边开民宿，一边钓鱼，民宿前开辟国际标准钓鱼池，钓鱼池外围是始丰溪，可以办赛事、休闲钓、野钓。

听上去有些冷门，但洪和漂一听，这好啊，自己就是个钓鱼爱好者。

一个国际标准钓鱼池就在民宿前建起来，两个池子，一大一小，大的长 100 米宽 21 米，省级赛事可以围着满满当当的三四百号人。其中混养着不同的鱼，比赛是比总重量。另一个小池，长 100 米宽 18 米，全部养的小鲫鱼，算尾数胜。钓错了，得放回去。

自此，大大小小的省级赛事、市级赛事，给下村带来了络绎不绝的钓鱼发烧友。

钓鱼看似是静态休闲，实际上却和摄影一样，能令人"发烧"。

曾有一对直播卖鱼竿的夫妻，来到禾飘香，白天在晴光里睡安然觉，傍晚起床，夫妻俩坐在钓鱼池前，从七点一直钓到凌晨，直播镜头搁一旁，镜头外"云钓"粉丝几十万。看见鱼上来了，问鱼竿，问鱼漂，热火朝天，夫妻俩一天能卖七八百根鱼竿。

洪和漂评价，过瘾。

3

工整劲道，钢笔笔尖在白色纸上画出笃定的线条。一幅字中，总有一笔常常拖曳出老远，被客人称作"长尾巴字"。

"长尾巴字"属于洪和漂自己的"过瘾"。

写字也不分时机，从念书时就喜欢写。现在是想到什么，就坐下来写在白纸上。写得满意的，装裱好挂墙上，是禾飘香的书法作品。有来往的客人求一幅带走，洪和漂大大方方，常赠一番风轻云淡给宾客，比如，"人生哪能都如意，万事只求半寸心"。父亲节也写一幅，"爸气十足"，其中有一笔拖得长长的，似溢出的一点骄傲。

就像"长尾巴字"是洪和漂独创的字体，其实他做什么都有自己的想法。

刚准备回乡做民宿时，同行们到处参观民宿酒店，洪和漂想的是，一定要把自己的理念、想法和设计融合进去。

始丰溪两旁绿色交叠，静谧安然

他带我们上楼去看客房。

一间名为"盘古开篇"。进门一面玄关，陈列的都是当地的锡器，有茶壶、茶叶罐、酒杯、花瓶，这还是太太的嫁妆。

一间名为"民宿风采"，专给小孩子准备的，一把梯子挂在一旁，要"冒点险"才能爬上去。

最出名的当属顶楼的"鹊桥相会"，推门而入，左右高低铺，从下到上用梯子，中间又有桥相连，房中还有个小秋千，桌上还有块心形的石头，他说，爱意就要坚如磐石，那座小桥就是鹊桥。

还有大花瓶那么大的灯泡，利用"两横一勾"得出灵感的酒杯架，长得像一只拖鞋的石头，祖传的一套木工工具，真正是令人眼花缭乱。

这样的琳琅满目设计师怎么做得出呢？全靠洪和漂自己，自己设计、自己动手，连每一根柱子都是自己砍的。

洪和漂也是民宿的大厨，他的菜好，花样也多，一道鸡肉，叫"鸡不可失"，一道鱼，叫"鱼你同行"。许多人来，是冲着洪和漂那充满了能量的美食，一来，也不点菜，就说，你安排吧！

2016年，光来禾飘香参观的有8000多人。2018年3月，禾飘香获得首批浙江银宿认证。省里曾有个领导来参观，问洪和漂：

"你怎么什么都自己做呢？"

洪和漂嗓门响亮："除了航天的，我大概都会一点。"

木工会一点、雕刻会一点、写字会一点、设计景观也会一点。一空下来就爱折腾，折腾得生活美好热烈，让来人也听得乐在其中。

当然，当了多年村干部的洪和漂很忙，接下来，村庄利用弯弯曲曲的地形公路打造浙中川藏线越野俱乐部，下村作为入口，还有得忙。洪和漂跃跃欲试：

"啊呀，越野啊，要陷进坑里过不去，遇到弯路过不去，那就最过瘾啦！"

真是一个过瘾的村庄。

美书阁

木香，书香，家 / 🅦 滕 艺

听着门前小溪呼啦啦地流淌，
仿佛也感染到了溪水的快乐。

　　龙溪村，磐安县的一个小小的村落，隐匿在大山的深处。

　　公路蜿蜒，贴着溪流盘旋在幽谷之中，感觉好静谧。

　　住在这里的村民已经不多了，大家又住得分散，路上不见什么人，只听见潺潺溪水声。平常难得一见的瀑布，在这里倒是常见，到下个转弯口或许就能看到倾泻而下的山泉。

　　游客都喜欢来这里玩，不用刻意寻找打卡点，把车在路边一停，随处都有值得按下快门的风景。尤其是喜欢拍水的摄影爱好者，更是大呼过瘾，流连忘返。

　　美书阁就坐落在如诗如画的龙溪村，接近灵江源森林公园的入口。

民宿坐落于龙溪村，接近灵江源森林公园的入口

　　这间两层楼的民宿由杨颖家的老宅改造而成。房屋临溪而建，地势甚高，从一楼的阳台望出去，要比对面的马路高出三四米，视野开阔，人待在屋子里觉得很舒服。

　　老宅依山傍水，具有天然的优势。

　　杨颖从小和妹妹在这里长大，后来去城里念书工作，才搬离了老家。老房子一直空着，没有了人气儿，时间一长就荒败了，杨颖很舍不得。

　　本来想把老房子修整一下，用来自住，平时也好接待亲戚朋友，所以从一开始就按照自住的标准来装修了。

　　其实，改造老宅子比新建一座还要麻烦。

　　杨颖对老房子有很深的感情，总想尽量保留它本来的样子。在装修过程中，哪些要保留，哪些要拆除，哪些要改造，问题接踵而至。

可想而知，整个过程漫长而艰辛，每一处细节都需要他斟酌取舍。

看得出来，他花了很多心思。

房子本身的结构和质量都很好，他把原来的老横梁全数保留了下来。房屋正面的泥墙已经倒了一部分，只好拆除，其他的黄泥墙体则都保留了原貌。客房床垫下的床板也是用拆下来的老门板改造而成的，他说，客房里使用的木料大多是和原来老房子同期的木材。正因用的是这些老的好木头，现在一走进美书阁，就能闻到阵阵幽香。

一楼的公共空间很大，到处都是书架，几乎占据了两边的整面墙壁。墙上挂着主人收藏的字画，浓厚的人文气息扑面而来。起居室的左边放着一张餐桌，中间以壁炉隔开，摆着几张沙发，右边则是一间茶室。有了壁炉，冬天也暖融融的，住在美书阁，足不出户就能满足休闲度假的各种需求。

朝着阳台的一面，做成了可以完全打开的设计，直通临溪的露台。天气好的时候，搬张椅子坐在这儿，看阳光照在水面上，粼粼波光映眼，阵阵微风拂面。盛夏光景，走几步就能赤脚踏进溪流，溪水清澈冰凉，好不惬意，玩累了，就回到屋里，喝喝茶，看看书。哇，在这里度过一个周末，一定快活得像神仙一样。

沿着木梯走到美书阁的二楼，这儿主要是客房。在房间的设计上，杨颖也有自己的想法，用他的话说，叫"能土就土"。

从成果来看，倒是不土。

房间精致整洁，现代与古韵的元素结合得恰到好处。杨颖保存着原来老屋的古董家具，分别摆在美书阁的各处地方，其中一间房还放着一张杨颖父辈使用的雕花老床。一走进房间，好像看到了古装电视剧里的

老屋之中，现代与古韵的元素结合得恰到好处

　　画面，颇有一种戏剧性的冲突感。这是杨颖特地布置出来的房间，他想在这里留住一些乡愁记忆，年长的人会在这里想起一些小时候的事情，对从未经历过那个年代的年轻人来说，更是一种难得又特殊的体验。

　　改造后的美书阁，让杨颖的孩子对老家也有了全新的感受。

　　以前，孩子们在城里住惯了，难得回一趟老家，都不愿意在老房子过夜。一来是没有卫生间很不方便；二来房子老旧，住着也不舒坦。

　　在改造美书阁的时候，杨颖考虑最多的就是孩子的想法。老话说，落叶归根，丰城剑回。他由衷地希望自己的下一代，也能对生他养他的故乡有一份真正的归属感。

　　改造后的美书阁一共五间客房，配备了五个厕所。以前老房子隔音差，晚上会被窗外的溪水声吵得睡不着觉，二楼有人走动，一楼也听得一清二楚。他特地安装了隔音窗户，还在原来楼板的基础上增加了双面隔音层，现在只要关上门窗，就听不见外面的溪水声了，房间和房间、一楼和二楼之间也互相吵不到了。老房子的采光问题也得到了全面的改善，朝着溪流的一侧门窗全是走入式设计，可以完全敞开，无论走到美书阁的哪个角落，都特别明亮通透。

关起门窗，美书阁独门独栋，有很好的私密性，特别适合三四户人家一起来玩，承接十几个人的团建活动也完全不成问题。公共空间宽敞丰富，大人小孩都有地方可玩，相互之间也能互不干扰。

这么好的硬件和环境，光是自住实在有些可惜了。

杨颖觉得，能对外开放营业，让游客来家乡玩耍的时候有一个好的住处，也是件好事。2021 年开始，他请了一位村里的阿姨来维护美书阁的日常运营，客人要是想来住，需要提前预约，他好安排妥当。今后他希望美书阁的对外经营能够常态化，针对中高端客群提供精品民宿的服务。

"对面的竹林风景好，可以去里面挖笋吃。"

杨颖口中的家乡，总是千好万好，道之不尽的。这会儿正值夏季，溪涧泉水丰盈，游人可以在里头尽情嬉戏，是最受大家欢迎的地方。最近他正考虑要不要在小溪下面造一道阀门："后头那些木结构老房子怕火，非汛期的时候有个蓄水池，才好保护它们。"

站在美书阁的露台上，听着门前小溪呼啦啦地流淌，仿佛也感染到了溪水的快乐。

@ 磐安文旅
磐安欢迎你

打开抖音搜索页扫一扫

清明朱櫻乍熟，甘露一般清味

第二章

山水有相逢

客来一杯茶

青简石屋

书香消夏

⊗ 陈新森

民宿在这里被隐藏了，
隐在连绵的书脊上。

湖上有许多可爱的地方，这个磐安老牌的网红农家乐特色村，村前是碧波如镜的皇城湖，村边有清风送香的荷花池，村后搭着曲音袅袅的大舞台，出门皆景，有趣有味。酷热难当的暑期，游客爆满，一床难求，那是常有的事。

湖上村，我去的多，最让我着迷的，是位居村中心的青简石屋。那是一个周六的上午，我漫不经心地在村里闲逛，一眼就被这座耀眼和别致的建筑所吸引。石屋以当地独有的乌石砌建而成，内部用木质元素和玻璃作为空间的主基调，创造了一处书香与木香交融的人文空间。

在乡村，遇见如此优雅的书香民宿，对一名爱书人、

石屋以当地独有的乌石砌建而成

一名读书人来说，有一种重逢的亲切和意外的惊喜。

　　绕过泉水叮咚的小鱼池，走过草木繁盛的石子路，推开两扇玻璃门，简洁、通透、明快的空间里，一本本精挑细选的书籍安静地排列在原木书架上，墨香中掺杂着山中大自然的气息，迅速吸引了我的目光，内心燃起一种莫名的兴奋，如同饥饿的人闻到了面包的清香。

　　窗外烈日当空，蝉声鼓噪，石屋里却是芳香沁脾，清幽静谧。我从书架上抽出周华诚的《一日不作，一日不食》，要了一杯绿茶，选了一个临窗的座位，一头扎进了"父亲的水稻田"，仿佛闻到了稻花香、米饭香，那香味是我再熟悉不过的，那香味像是从书中散发的。"一小片土地上的劳作与修行，一大群陌生人的遇见与欣喜"，书里写的田野耕作、乡村生活、稻田艺术令我沉醉，甚至觉得那些字句也有

石墙仿若一本无字的建筑大书

着乡土的自然和稻米的清香。有读好书的地方，有好书读的夏天，这份温馨与清凉，感觉真好！

四周的乌石墙颇像是众多古籍垒成的书墙，简约，厚重，大气，精美。我的目光从书上移开，久久地凝望着黑黝黝的墙面出神，除了块石，没有任何其他辅助用材，包括水泥、沙子、石灰和你说得出来的所有建材，一概没有，凭着脑子里的图纸和一双粗砺的双手，砌出浑然一体、严丝合缝的墙体，这哪里是乡间石匠的手艺，分明就是民间建筑的典范。我哪里是在面墙沉思，分明就是在读一本无字的建筑大书。

村景、花园，只是一扇窗的距离。透过宽大的落地玻璃窗，看得见几株青翠欲滴的芭蕉，几棵古拙虬劲的罗汉松，几竿潇潇洒洒的凤尾竹，还有它们脚下那些密密匝匝的常绿植株，新叶茁壮，兰草葳蕤，在阳光下泛着油亮的光泽。门窗成框，圈出的都是满目别致的风光。屋内四壁图书，独板长桌，松软座椅，还有幽兰、文竹、多肉伴读，案边放一杯云峰，抑或一盏蓝山，清淡雅逸中见一份情调。

原先的石屋只是计划做成书吧，可当书架上开始填满各式好书，当各路人马纷纷来此驻留读书，民宿主人潘玲莉突然觉得，书与宿靠得如此之近，漫漫旅途，人们不只是需要一本书或一杯茶，而是需要身心沉浸其中的地方。

《红楼梦》《西游记》《三国演义》《水浒传》齐刷刷立在书架上，四大名著也成了二楼民宿的房间名，四个房间的设计也堪称经典，简洁流畅的红木线条，古色古香的床头灯，全木无漆的装潢，舒适度极强，透着一股闲逸轻松的氛围。每一个房间同时又是书房，瓶花、油画、茶具，房内摆设有着浓浓的艺术气息，更得几许与名著相符的雅趣。

坐在敞亮的书桌前，一卷在手，千年历史，百年风云，世事沧桑，古今奇观，一页页哗哗翻过尽收眼底，与书中人事同频起伏、悲欢相融，身心有远离空虚、精神充盈的快感。读到精妙绝佳处，读到心意相通时，拍案叫绝或反复玩味，全然浸润在"片言苟会心，掩卷忽而笑"的乐趣里，浑然不觉窗外炎热，心底仿佛铺满了一地阴凉。

二楼民宿有一个超大阳台，摆着藤桌、藤椅，这里是和蓝天、村庄、大自然对话的地方，书读久了，坐在这里发发呆，品品茶，听听歌，眺望远山黛色，近看乡村烟火，心甘情愿地把时光浪费在眼前的美好景物上。

在与民宿主人潘玲莉交流中得知，湖上村有农家乐 60 家，床位

1600 余张，村里阅读资源比较匮乏，2019 年村里筹建青简石屋民宿时，县图书馆主动联系，将这里开辟成分馆，藏书一万余册，内容涵盖人文、社科、养生、少儿、旅游等各领域，不仅给游客提供阅读服务，还能让附近村民享受到借阅的便利。

正值暑期，来石屋阅读的人日渐增多，这里成了游客、村民还有放假回家的孩子们阅读、放松、冥想的好地方。游客可以将书带回房间看，村民和学生手机注册、扫码借书，就可以在全县范围通借通还。潘玲莉忙着泡茶、磨咖啡、做糕点，虔诚地为每一位读书人提供周到的服务。"图书馆 + 民宿"的文旅融合新模式，不仅让公共图书馆的藏书得到了更好的流通和利用，增加了民宿的文化气质，还让游客有了更深刻的"行万里路，读万卷书"的旅游体验。

《四季读书歌》写道："夏读书，日正长。……荷花池畔风光好，芭蕉树下气候凉。"我自小生活在农村，每当盛夏时节，常于树荫下手执书卷，半躺竹椅之上，阅白纸黑字、嗅纸墨幽香，在书海中任心驰骋、神游八方。及至年长，常思忖，有那么一方小天地，有许多好书，有一些好茶，有一间有格调的书房，坐着、靠着、躺着，用自己喜欢的方式，读自己喜欢的书，过自己觉得舒适的日子，那该有多惬意。

在湖上，遇见青简石屋，这里有庭院，有花草，有盆景，除了四个房间，其余的公共区域全都是书，书在民宿里，宿在书城中，书在这里被放大了，放大成了民宿的主角、湖上的文化地标，还有生活和精神的空间，民宿在这里被隐藏了，隐在连绵的书脊上，隐在茫茫的书山中，隐在氤氲的书香里。

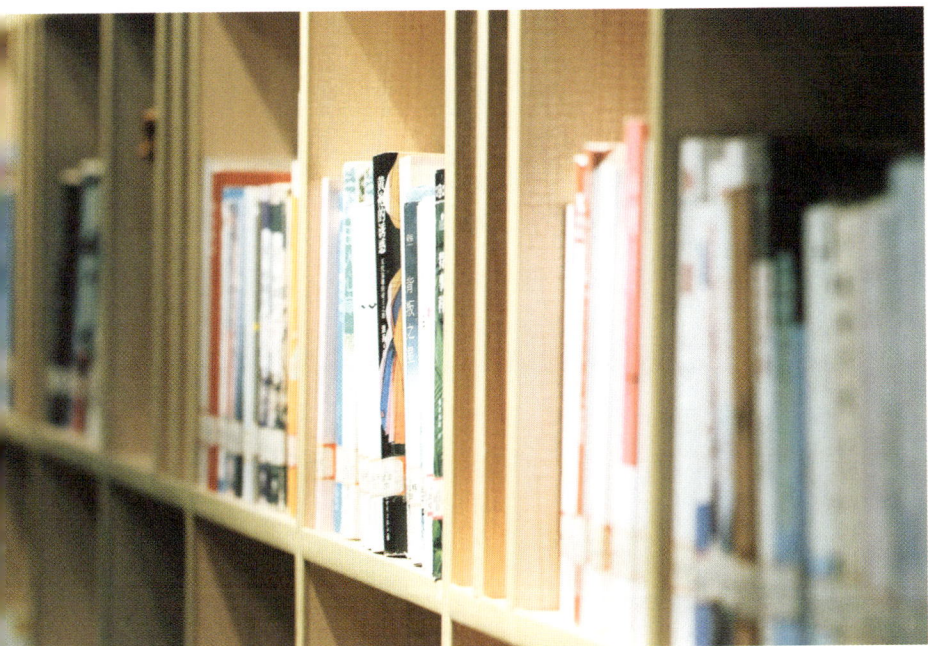

书在民宿里，宿在书城中

　　万物繁华皆身外，一片清净入心来。宋末元初教育家翁森这样描写夏日读书："北窗高卧羲皇侣，只因素愫读书趣，读书之乐乐无穷，瑶琴一曲来薰风。"读书读到此等情致，真是神仙境界了。手捧《一日不作，一日不食》，忽然冒出"一日不读，一日不宁"的字句来，盛夏真的好热，有些事真的好烦。哪里有清凉？哪里有安宁？湖上有间青简石屋啊！

　　晓读夜宿，涤烦去燥，莫过于书香里消夏。

晚枫小筑

吃茶去！

文 吴卓平

这里有一大片有趣好玩的茶园，
也有着最不接地气（地势高）的生活体验。

四月，阳光轻柔妩媚。清明朱樱乍熟，甘露一般清味。

此时，也正是磐安尖山镇湖上村春茶采摘的季节。而那纵横于山水间的自然清新，即使隔着车窗玻璃，我也能捕捉个真真切切。

1

要说茶山，在江南各地，都不算稀奇。

但在我看来，湖上村茶山的特色是——安静、纯洁、自然。

村子位于一片高山台地之上，平均海拔 520 米。山

坡上空气清新，唯美诗意，伸出手仿佛就能拥抱整个世界。而绿色的茶树浩浩荡荡绵延，随手一拍都是浪漫的小清新。

这里的一切，仿佛都未加雕琢。

其实，在来湖上村之前，民宿晚枫小筑的主人周向阳已经在微信上发来了贴心的攻略——可以到村子里悠闲地喝杯绿茶，也可以去茶园小路、公共绿道上走走，体验原生态的田园生活。当然，还可以携着茶篓去山间采茶，感受"悠然见南山"那般的恬然。

遵循他的建议，我随处走走看看。由于恰逢采茶时节，四月的茶山之上，到处可见忙碌的身影：戴上斗笠，背着竹篓，十指纤纤上下翻飞。远远望去，天蓝山青，人间清香。

对于茶人来说，采摘春茶，或许才算是一年之中春天的真正开始吧。

携着茶篓去山间，可以感受到"悠然见南山"那般的恬然

2

临近傍晚，村子和远山渐渐涌起了雾气，而周向阳依然还在山上忙碌着。

走近他的茶园，我感叹于无垠茶树所带来的扑面清新，仿佛雾气中都夹杂着清新的茶香味。采茶时节，他几乎每天都会去茶园打理一番，对一株株茶树已经熟悉到甚至能观察出它们每天的变化。

"尖山属于高山台地，这里特有的酸性红土，含有效酸较多，结构疏松，通气透水性强，外加泉溪密布，气候温和，雨量充沛，尤其春茶吐芽时节，常常细雨蒙蒙，云雾缭绕，这都赋予了茶树以自然的滋养。天时和地利都有了，人也不能落后哪。"

当然，人和的因素，也颇有讲究。

就比如，"茶叶并非越嫩越好"，得等到一定的成熟度后才可以采收，周向阳在茶园里一看就能知道茶叶还有几天可以采摘。

同时，采摘的天气、湿度不同，制作出来的茶叶在口感上也会有些许的不同。

而这种细微的变化，皆需要经年累月的经验累积才能辨别出来，"今天摘的茶和明天摘的茶，口感就明显不一样，甚至，今天做的茶和明天做的茶，口感都会不一样呢，天时地利人和配得刚刚好，才能出一款好茶，所以，能喝到一泡好茶很难得，要珍惜"。站在茶园中，周向阳向我介绍起制茶的种种细节。

如今，他的茶山上种的是龙井 43#，平日里茶园的大事小事，他都是亲力亲为，只有在采茶等工作量大的工序时，才请工人帮忙工作。

而炒制的环节，往往也由他亲自把控。火候、时间，这些都需要靠经验来掌控和调试。还要多次试泡，根据茶的变化来不断调整温度、火候和时间。

自小在茶园的熏陶中长大，又亲自做茶多年，周向阳如今仍然谦逊："茶的变化太多了，难以琢磨，难以预料，需要不断去学习和感受。"

3

与周向阳一同从茶园走回民宿，他顾不上歇息，便迫不及待地煮好水，斟了一杯今年的春茶，嘱咐我要慢慢细品。我细酌几口，果然入口生津，口腔感受饱满，入喉回甘。更妙的是，边喝边聊，三四泡后，依然还有明显的香味。

周向阳说，茶对于自己而言，既像一个最好的朋友，也像自己的亲人——

从小，他就跟着爸爸、叔伯们在茶山上玩耍，眼见着采下嫩叶，小心包在手帕里，放在斜襟大褂的贴身口袋里带回家。

以至于后来在广东打拼时，他依然牵挂着家乡的山水、茶田，"那时候，在广东的生活和工作节奏都很快。当然，快是效率，是业绩，是都市的生存法则。只是，这样的生活过久了，就想要慢下来，静下来"。

于是，5年前，他和妻子回到了湖上村。对老房子进行了一番改造，经营起了民宿，取名"晚枫小筑"，同时，还亲自操持起自家的茶田。

他自小便体会到长辈们做茶的艰辛，如今，凡事亲力亲为，更深刻感受到做茶的不容易，但沉浸于其中，做出一款好茶，依然会兴奋不已，丝毫不觉得累：泡得一壶好茶，有多少工序和艰辛在里头，细细品味，方得好味。

而"茶"如今也成为民宿的一大"兴趣点"——虽然当地人对门前屋后散落的茶树习以为常，但周向阳对茶的特殊定义是：结缘者。

"可以理解为茶是主和客之间的一座桥梁，可以帮助来客卸下身处钢筋水泥间的心灵禁锢，彻底打开心扉"，也正因为如此，民宿一楼公共区域专门设有一处茶座，客来奉茶。

　　无疑，这些茶与民宿交融产生的日常，为晚枫小筑带来了更多的丰腴，而更令周向阳留恋的还有那牵扯不断的茶友之情——

　　"客来一杯，边喝边聊聊家常，谈谈爱好。可以消除彼此之间身份的界别以及距离感，彻底放松安静下来，虽说我们都来自五湖四海，但是通过一杯茶，可以敞开心扉，也能够更加舒适地完成一次旅行。"

4

　　所以，玩在湖上村，宿在晚枫小筑，最吸引人的，是不止一张床。

一年一度的荷花节，让小村拥有一种别样的夏日风情

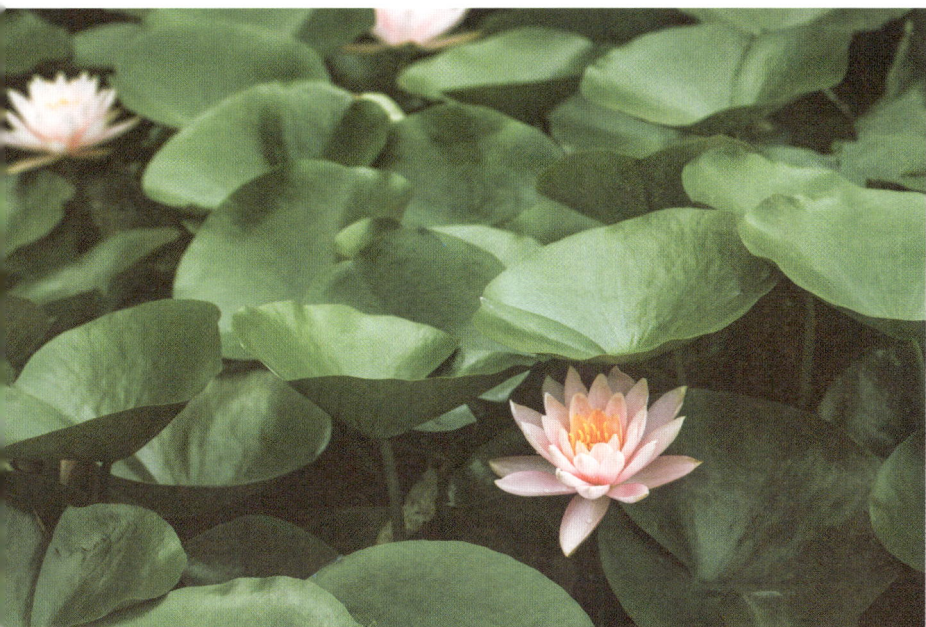

这里有着一大片有趣好玩的茶园，也有着最不接地气（地势高）的生活体验。

在茶园里采茶，在制茶师傅的指导下制茶，24 小时后，就可以喝到自己亲手做的茶，也可以变成一份有趣的手信，赠予亲朋好友。

因为地处高地，每年从这里出发去徒步、登山的户外爱好者也不少，周向阳会为客人打点好需要的一切。

除此之外，那些不愿意闲着的人，他也会建议他们可以去周边的水下孔、十八涡、乌石村等景点和古村落逛逛，呼吸山间的清爽空气，顺便把步数刷爆朋友圈。

当然，错过了采茶时节也没有关系，这里的四季皆有不同的景色。每年 7 月的湖上村荷花节，是他推荐的另一个好时节：村旁荷花谷内，旗袍、汉服、荷花争奇斗艳，荷花谷外方前馒头、糊拉汰、卷筒饼互拼人气。而为了丰富荷花节的氛围，湖上村还会邀请磐安小吃的业主来摆摊，让游客在色、香、味中品一品磐安的历史人文。

几个月前，又到荷花盛开时，周向阳还特地发了一条朋友圈——旅行有很多种方式，来去匆匆的拍照打卡是一种，而慢悠悠住下来，融入当地人的生活中是另一种。

说得真好，为他点赞！

@ 磐安文旅
磐安云上尖山，乌石小镇，欢迎你

打开抖音搜索页扫一扫

清心居

闲看云起时 　　文　杨　青

层叠的原野和蓝色天空中翻腾的白云从窗外倾泻进来，
这是多么好的早晨。

1

七八个人扎着堆，站在小小的院落前往里张望。

此时黄昏渐深，山中夜幕透出蓝色，把院落铺陈得如
画中的山水小景一般。

悬腾起来的六边小台，小台栏杆下流动着曲水，曲
水中游曳着红白锦鲤，锦鲤们旁若无人，它们的世界大
着嘞。

它们从一座小桥下游过，两边巨石夹道，这是鱼儿们
的山川巨流。

再游过去，穿过一片睡莲。睡莲下好啊，可以打瞌
睡，可以做美梦。

曲水中游曳的红白锦鲤，旁若无人

　　鱼儿们在圆圆的睡莲下不动了，它们听着睡莲上方的人们在探头艳羡：

　　"这院子好啊！"

　　那高高矗立的巍峨叠石上青松凌云。

　　那绿肥浓稠的铜钱草挨挨倚倚。

　　那清凉的流水在夜色中泛起山中泉水的美妙空音。

　　有人想进院子里坐一坐，也在叠山流水里做个梦。可惜呀，院子关着门。门口只一块牌子，上头写着：清心居。

　　大家你问问我，我问问你："主人去哪儿了呢？"

　　初夏夜色浓重，主人忙碌得"不知所踪"。

　　主人叫张炎光。炎光，意为阳光、火焰，气势雄浑，听着是个男儿名，实际上，是位美丽能干的女主人。

2

　　清心居所在的管头村，另有一个远近闻名的名字——乌石村。乌石村的传统民居以千年不化的火山黑石垒成，石屋交连错落，古老沉静。而四周梯田原野环绕，群山连绵，被誉为"空中乡村"。

　　乌石村人也烧得一手好菜，蕨菜、马兰头、苦菜、鱼腥草、石竹笋、野荒菜、野水芹，山野土菜，馨香难挡。

　　好景好菜好山水，从多年以前就吸引着全国各地络绎不绝的游客来此地山居静养。

　　这不，张炎光忙的，就是这"浙江省农家乐第一村"的事，主管整个村里农家乐的张炎光，每天都在村中奔走，违建的要拆除，环境卫生要整治……一忙起来，她就只能把清心居关了门。

　　张炎光将我迎进清心居时，夜色已经深了。

　　仍有三两个游客站在院子外徘徊，张炎光带了三分赧然：

　　"我先生最近出远门，实在忙不过来，就只好'关门谢客'啦。"

　　明亮宽阔的厅堂，被一面墙那么大的木雕镂空大屏风隔成左右两个空间，左侧是家常客厅，右侧屏风后一张十几米长的深红色木雕茶桌，气势雄浑。茶桌上大小罐子堆满。

　　先生爱喝茶，在家时，一整天坐在茶桌前与客人谈天说地。桌子一端是大窗，窗外除了那梦境般精致的园子，就是望不到边的绿野、蓝天。

　　张炎光很少坐下来静静喝茶。但茶叶却是夫妇俩的老本行。

磐安山高云雾多，高山绿茶味浓香浓。二十四年前，家住磐安尖山镇的张炎光嫁到乌石村。新婚第二年，夫妻俩盘算着，把邻近村庄的茶叶收过来，然后卖到全国各地。

同时还开了两爿店，一爿在磐安尖山镇的茶叶市场，收货时间是晚上。另一爿，在管头村的中心市场，和那些卖咸肉、卖药材的守在一起。

茶忙时期不长，从每年春季到夏季。空余的时间，两人就从义乌市场拉回一些来料加工的材料，分给各家村民，大家一起做头花、做小物件。

问，忙不忙呢？忙的。

但过几年，两人又开了个农家乐山庄。

那会儿，山庄还位于现在的老乌石村。饭菜夫妻俩自己烧。先生最拿手的是荤菜和野味，张炎光拿手的是山野蔬菜。两人忙忙碌碌，但井然有序，合作天衣无缝。

山庄开了十多年，两人又建了清心居，这下子，吃饭、喝茶、住宿，客人来此，安安稳稳，像是回到自己的家。

3

如果住在清心居，那么就不要拉上帘子了吧。

让层叠的原野和蓝色天空中翻腾的白云从窗外倾泻进来，这是多么好的早晨。

清心居院落之外，村庄的观景平台上，一大早，已有陆陆续续的游客站在平台上，踱步、伫立，呼吸着这山中早晨的清冽空气。

叠山流水，清新雅致

站在清心居的窗前，或坐在院落中，最好的风景尽收眼底。

清心居是张炎光夫妇俩 2016 年新造的大房子。从外头看，它位于统一规划的新乌石村最前排的位置，一共五层。从里头看，清心居有八间房，房间之间连通着茶室。茶室中，和客厅一样，往往又是出其不意的大茶桌。茶室是红砖墙配阔窗，窗子里装满风景。

空间格局、风格设计、哪个空间要摆放什么，甚至哪个空间要看到什么风景，张炎光说，先生早早就想好了。

在张炎光眼中，先生的写写画画是一种"胡闹"一样的本能，就像他爱喝茶一样。院落的叠山理水，是他一手打造的。甚至自己妹夫家的农业厂子的绿化，也由他来做。

张炎光像在数落小孩子：

"就是乱花钱，看见喜欢的就买。喜欢木头、石头、茶壶、字画、酒，喜欢的一定买来。"

十几年前，先生无意中提及，说在东阳买了一张大茶桌，未来就搁进新房子里。一直到 2016 年清心居造好，那张大茶桌才从朋友的厂房拖了回来，张炎光一看，啊呀，整整一个客厅那么大！

但张炎光觉得先生的"任性妄为"好，因为是性情中人，仿佛从来没为钱感到困扰，有钱没钱都一样，没钱也一样花。

先生在家的时候，就把这些静气带给客人，一起画画写写、喝茶谈天，张炎光就安心自己忙，因为先生会一直守着清心居。

最近几个月，恰逢先生去往贵州做生意。有客人来，张炎光只能和客人商量，早饭管不了。张炎光每天 7 点多出门，偶尔回来一次，电话也接个不停。先生有些生气，问她：

"客人你都不管了吗？"

就算这样，客人也自管自，不停地来，就当住在自己家。

在乌石村二十几年，夫妇俩日子过得红红火火，从来没有想过要从这片大山中走出去，两人总是互相说着："还是这里待着最舒服。"

前几天，张炎光早上 5 点起床，一个人蹲在院子里拔草。她希望院子能如同先生在家时一个样。

下一次，要是遇上她的先生，也许关于清心居的主角，是不是就会变成她了呢？

@ 磐安文旅

天空之城，云上尖山，乌石小镇。来一场海拔 520 米的浪漫之旅吧

打开抖音搜索页扫一扫

微雨心宿

小楼夜听雨　　文 宛小诺

真真是，
昨日小楼微雨过，
樱桃花落晚风晴。

　　巧得很，我来到微雨心宿，正是一个细雨潇潇的午后。连绵远山笼罩在迷迷蒙蒙的水雾之中，宛如一幅水墨画，鼻息间是湿润的、夹杂着植物芬芳的味道。

　　院门半掩，鹅卵石地面闪烁白色水光。矮墙外一株直挺挺的樱花树，探入小院的枝丫，粉色花瓣落了一地。主人周红光应声而出，迎我进屋。

　　周大哥今年五十有六，两鬓虽有灰白，却精神焕发，快人快语。他给我沏了一杯茶，忙不迭地跟我介绍起村里民宿的情况来。虽然微雨心宿开业不过两年时间，但周大哥从事旅游接待这个事可已有十几年的经验了——他是湖上村的村主任，村子当年开始经营农家乐、民宿，就是周

远山笼罩在迷蒙水雾之中，宛如一幅水墨画

红光等村干部带领村民们一步步做起来的。

1

那还是 2008 年，彼时安吉、莫干山等地的民宿产业渐渐有了些名气。周红光想他们这地方山环水绕，气候宜人，不失是一个度假的好地方，于是村里号召村民们试试开展农家乐。

那时候，湖上村的村民，除了少数种植茶叶、高山茭白，大部分在镇上或县里打工、做小生意、开餐馆、做客运等，对旅游接待这个行业一窍不通，而且他们觉得：这里又偏又远，谁愿意来这住宿呢？

"当时开了几家？"我好奇地问。

"三家。"周大哥冲我比了个"3"的手势，"说真的，当时不管是村民，还是我们，心里都没有底。"

村民的农家乐已经响应号召开起来了，总要帮他们找到客人吧。十多年前，尚未有今天这么发达便捷的网络平台和宣传渠道，村干部们就自己跑去上海、杭州等地，找当地旅行社、社区接洽。"那几年，基本上每个节假日来临前，我们都在外地。"

诚如村干部们相信的，湖上村开展旅游接待，是具有可依托的资源的。首先，村子临近舞龙峡、十八涡、水下孔等知名景区，有丰富的旅游资源。同时，区域交通便捷，公路通达，距离金华、义乌、宁波、温州、杭州、上海等客源地，也都在三小时车程内。

功夫不负有心人，渐渐地，旅游的大巴车带着游客开进了村里。"2008、2009、2010 那三年还是比较淡的，转折是在 2010 年后，人明显多起来了，淡旺季也不那么明显了。有些上海的老人家过来度假，一住就是十天半个月。"

越来越多的游客，打消了村民们的顾虑，更多人尝试着参与到旅游接待的经营中。

"现在，我们村的农家乐、民宿已经达到 56 家，床位 1500 张，户均收入超过 30 万元。旅游接待的数量和品质在尖山镇是数一数二的。"这些数字，周红光脱口而出。作为湖上村的大家长，他脸上不禁露出欣慰又骄傲的神色。

"我们知道有些地方是把村民的房子统一租给旅游公司经营，村民每年大概有几万元的租金收入。但我们的宗旨是帮助村民自己经营，这样每家的收入会有一个很大的提升。"切实改善湖上村村民的生活，是尖山镇政府和湖上村的干部们的一致想法。

2

雨依旧淅淅沥沥下不停，但我还是想到院中的亭子里坐一坐。这是个木质的四角亭，顶上覆着枯茅草，雨水顺着茅尖滴下，珠子似的溅落在鹅卵石地面上，很有些武侠片中的意境。

微雨心宿那纯白色的四层小楼在迷蒙水汽中愈发显得清丽，如一个秀气的女子独立于雨中。2017 年，湖上村拓宽了道路，改善了绿化，改造外立面，美化庭院，整个村子都焕然一新。为了提升住宿的品质，村里鼓励村民将之前的农家乐升级为定位更高的民宿，但是大部分村民还不能接受这样的理念，觉得像之前那样稳稳妥妥的就行了。周红光见大伙儿都不愿意冒风险再投资，心想还是要有个人带个头，于是自家投了 200 多万元，建起了这栋微雨心宿。

微雨心宿步入正轨后，除了周大嫂日常打理外，原本在磐安县工作的女儿周夏蔚也回来一起经营。

湖上村开展旅游接待后，很多年轻人都回来了。年轻人跟得上时代的快速变化，熟悉网络平台和各种手机应用，会拍照，会做视频，会营销，给湖上村的民宿业带来了新气象。

3

微雨心宿只有七个房间，但设计了各种房型，以满足不同客人的需要，有适合一家子的亲子房、套房，也有年轻人喜欢的观景阳台、玻璃屋顶。七个房间的布局各不相同，但统一采用简约的纯白色和原

院子里，是植物芬芳的味道

木色，点缀以天青、水绿和浅蓝的装饰，一如推开窗我们所看到的，湖上村的青山、湖水和蓝天。

民宿起名"微雨"，是因为湖上村位于500米的台地上，山环水绕，云深雾重，常年细雨绵绵，很有烟雨江南的韵味。而"心"，则是指真心、诚心。将心比心地对待村民、对待客人，对方也会回报以真心。

周大哥的手机一直在震动。他抱歉地跟我说，晚上村里有一场非物质文化遗产——婺剧的表演，下午在彩排，他需要过去安排一下。

我一个人坐在亭子里继续喝茶。是湖上村自产的绿茶，这里海拔500米，云雾缭绕，水汽深重，茶叶吸收了这天地的灵气，自有一番风味。

从亭子里望出去，视野远处的青峰之间，白色山岚正如我手中茶杯上的热气，袅袅升腾，群山的轮廓逐渐清晰。

真真是，昨日小楼微雨过，樱桃花落晚风晴。

花满蹊

草木的奥秘 ／ 文 吴卓平

仿佛有一种魔力，
一下子让老许看到了自己向往的生活——
"山谷溪水，清静无忧"。

下了诸永高速，很快便到达了花溪。而穿过梦幻般的水光隧道，有一个名为石下的小村子，是一片自然雕琢的山野田园风光。在报社做了多年记者的老许，自称第一次来就被这里深深吸引了，仿佛有一种魔力，一下子让他看到了自己向往的生活——"山谷溪水，清静无忧"。

"第一次见这个村，这栋房子，就觉得很有味道，人和人之间有缘分，我相信人和房子，人和村子之间也有缘分"，站在房子前，老许向我这样介绍道。

他曾是一位媒体人，采访写稿是他的日常，如今，一个转身，便成了石下村的民宿人，受花满蹊主人之邀，打理着这间民宿的日常。

治愈系的山野田园，治愈系的慢生活

做文字工作的人，对文字是否走心是很敏感的；同样，与民宿打交道的人，也很容易分辨出民宿是否匠心。

显然，这家民宿从装修到布置都饱含了主人的热情和心血：一楼设置了阅读与分享空间；地下室则是娱乐空间；在二楼的亲子房里还单独开辟出一片亲子区域，可以坐上小木马吱呀摇摆、在色彩丰富的靠垫上随意坐、躺、爬，小浴缸则装满了泡泡球，童心满满。

在这里，大人们可以放下平日里照看小朋友时的紧张神经，躺到房间里柔软、舒适的沙发上，看着小朋友在自己的小世界里嬉戏。

老许说，这些都打动到了自己，并最终决定留下来。

当然，除了休息放空、亲近自然，来到这里，大家还能些干什么呢？

这是他来到石下村之后时常思考的问题，于是，为大人、孩子们寻找新的"兴趣点"，也成了老许当前的一大任务。

在磐安多年的工作、采访经历，让他想到了一个颇有意义的点子——药染。

在"药材之乡"磐安，板蓝根、栀子、红花……这些都是再平常不过的中药材，不过，经过巧手加工调制，同样也能衍生出另一功能——天然草木染料。

将药染作为一种手作体验引入民宿，正是他当前的设想。

药染，属于草木染的一种。而草木染正是从天然植物的根、茎、叶、皮等部位提取染液用于染色。在古时，先人们就已广泛使用，《唐六典》中还有文字记载："染大抵以草木而成，有以花叶，有以茎实，有以根皮，出有方土，采以时月。"

只是随着工业发展，合成染料提取容易、成本低廉，更容易得到普及。草木染色淡出人们的生活视线已经很长时间，直到近几年，随着社会对环境保护和生活品质需求的提升，才慢慢被重新拾起。

老许说，草木染色不仅没有有害物质，尤其像一些药染染料，比如靛蓝的主要原料板蓝根，还能消炎、杀菌，对皮肤有一定的保护功能，还有一些染料有抗紫外线的作用。

这是一门贴近自然的手工技艺，也与民宿所倡导的"慢生活"气质高度契合。在他看来，在民宿中教授药染，有一种独特的体验感：它经双手浸染，再在水中沉淀，最后经阳光晒暖而着色固定；它不仅有自然和时间的记忆，也有手作的温度；初经水洗，虽略有褪色，却正如岁月漂洗后的颜色，有一种宁静的、生活的味道。

"很多人说它越旧越美，这可一点也不夸张"，因为特殊且传统的技艺和属性，相比于那些化学染色所营造的光鲜夺目感，草木染色的衣服，色调更为淡雅别致，有种天然的质朴感。且随着时间的流逝，草木染的服饰渐渐褪色，显得越发雅致，但纤维还依旧保持着原有的风采。

草木的奥秘，自有情绪。据老许介绍，用中药染成的衣服不仅穿着舒适，而且具有驱虫、抗菌、防过敏等保健效果。用板蓝根染的衣服，有清凉解毒的作用；着栀子染色的衣物，不容易长痱子、湿疹；红花染成的织物，能抗紫外线辐射。身上放一块用艾草染色的手绢，有驱蚊抑菌的作用。

"当大家了解了基本提色常识之后，就可以在民宿旁的溪边、树林里找到中药染材，然后花上一两个小时，一家人共同体验色彩产生的过程。而当你真正在做的时候，你也会发现自己是被自然滋养的。"

从手艺体验的角度来说，老许称药染最吸引自己的地方，在于它的偶然性，"由于植物染料的种植地域不同，所用固色剂不同，染液的酸碱度不同，调配反应的时间、温度、水质不同，用染的面料不同，等等，最后，同一种植物能染出截然不同的颜色。这种不确定性，也将给小朋友们带来很多变化的趣味性和灵感，激发更多的想象空间和创造力。对于大人来说，也是一种释压的体验"。

在我看来，用大自然的色彩给衣物染色，赋予颜色以力量和灵魂，不仅有趣，就连劳动都带着点诗意。当然，从药材到药染，这一个转化的过程却并不简单，也难怪老许一直感慨"忙得不可开交"，联系匠人、完善技艺、对接学校……工作量着实不小。

祝他梦想早日成真。

晴柔

把日子过成故事　　✒ 滕 艺

走在平板溪边，
感觉像被一座大山静静地依偎着。

1

金达觉得，磐安的天空和别的地方有点不一样。

天气晴朗的时候，朋友圈里经常会举办天空摄影大赛，而他总能一眼就认出来哪一张拍的是磐安。

"磐安的空气好哇，闻起来都是甜甜的。"说起家乡的美好，金达总是很欣慰。

磐安花溪是金达的家乡，从小在这里长大，他很知道这里的好处。

不过，刚回老家开民宿的时候，他的妻子梦甜还挺不习惯的。

窗外青山连绵

　　"主要是买东西不方便呀。"梦甜半开玩笑地解释，以前住在城里，快递都会送到家门口，现在送不过来了，要自己去县城拿。

　　说到这儿，梦甜和金达相视一笑。

　　在回老家之前，他们一起在杭州生活，一待就是七八年。两年前，金达的父亲生了重病，他们便一起回家照顾父亲，也是那个时候，村里要开始改建了。

　　一面要照顾父亲，一面要造房子、开民宿，杭州的服装生意也放不下。

　　刚开始，也有疑虑。

　　在村里面造一间民宿，这么折腾，还要花那么多钱，会不会没有人来住？

不过，那阵子实在太忙了，蜡烛两头烧，他们都没有精力想太多，就想赶紧把民宿装修好，安顿好每一天的生活。

生活一下子把所有都推到了面前，梦甜和金达的肩膀靠得更紧了。

2

对于民宿的经营，本来只是抱着试一试的心态。

"实在不行就回杭州继续做服装生意吧，反正在杭州也过得挺好。"刚开始，梦甜总和金达这样说，但是她没有想到，晴柔一开张，生意竟然那么好。

每年五月份，花溪风景区开始进入旺季，七八月份的暑假更加热闹，一波又一波的游客热潮一直要持续到十一国庆长假。

刚开张的那年暑假，晴柔的客房每天都是爆满的。

为什么一间小村庄里的民宿，一开张生意就那么好？

金达告诉我，除了花溪景区风景优美，自带流量的原因外，他也会自己在互联网上做一些宣传推广。

平常空闲的时候，他喜欢带着妻子和女儿到处去玩，沿路收集磐安的旅游信息：哪里风景独特，哪里适合带孩子玩，哪里景区免费……玩好回来，就写一篇"磐安两天一夜自驾游攻略"，配上自己拍摄的照片和视频，加上几个漂亮的滤镜，一起上传到时下年轻人最爱用的社交网络上。

在发攻略的时候，有时候会把晴柔的介绍一起写在里面，告诉全国各地的游客，如果来磐安玩，可以住在美丽的晴柔民宿。

这样一来，不但把磐安的美好风光介绍给了更多的人，也为游客下榻晴柔民宿指了一条明路，可谓顺理成章，一举两得。

金达说，这都是他以前做服装生意积累的营销经验。虽然介绍的产品不同，只要不断地去学习研究，总能摸到它们的共通之处。

听上去简单，在社交网络上发发照片，好像谁都可以做，但是要把内容做好，真正吸引人来玩，并且还要一如既往地坚持下去，并不是一件容易的事。

金达是一个乐于分享的人，他不仅为自己的民宿做推广，还会把营销心得告诉村里的其他民宿主人，他觉得，花溪村的民宿是一个整体，应该为村里贡献一份自己的力量。

从去年暑假晴柔的入住率来看，金达的互联网营销效果十分可观。一到旺季，已经忙不过来了。

3

走进晴柔的大门，就看到客厅里摆着不少玻璃缸，但是缸里空空如也。

金达告诉我，他买来这些鱼缸，本来是想为客人提供鱼疗服务的。

夫妻俩平常带孩子出去玩，总会顺便考察一下国内景区和其他地区的民宿经营情况，他们发现，景区的鱼疗服务往往很受游客的欢迎。

因为晴柔民宿正门口的那条街，紧挨着景区里最好玩的平板溪，夏天旺季的时候，大人小孩都在溪边玩水，人来人往好不热闹。金达就想，咱们这个民宿门口是人气最旺的地方，游客在溪边玩累了，总想找个地方歇一歇。鱼疗既可以让人休息，又有些趣味，还能为民宿增加一些收入，岂不是很好的选择？

他们回到晴柔，就开始张罗起鱼疗的事来，结果设备都买得七七八八了，纷纷摆在一楼大堂里，又有了新的想法——金达想在晴柔的大堂提供比鱼疗更高端、更舒适的服务。

在亲子套房里配一个带篮筐的滑梯，在其他房间摆一张麻将游戏

在屋内，就能听到溪水潺潺，那是最轻柔的呼唤

桌……梦甜和金达总想为来晴柔住宿的客人提供最好的体验，只要一有更好的想法，就付诸行动、不断改善，也不畏惧重新再来。

4

从一开始的"试一试"，到一点一滴地改善晴柔，金达的心态逐渐发生了变化。

"淡季的时候可以真正过一下生活是什么感觉。"

他告诉我，晴柔民宿一个旺季的收入，基本上可以让他们一年的生活费都不用愁了，日子过得蛮舒坦的。

以前在杭州，每天都想着要赚钱，因为身处的环境就是这样，同学朋友一见面，讨论的就是谁在做什么赚钱的生意。

金达念大学的时候，身边就有朋友在做网店，看他们这么赚钱，一度刷新了他的认知，就开始跟着他们学怎么开网店。

同学的思想比较超前，觉得上班挣不了什么钱，毕业后都纷纷创业去做生意了。他从小受的教育比较传统，父亲说，你要卖衣服，初中毕业就可以去卖了，为什么要念大学？于是金达毕业后就去找了一份朝九晚五的工作，他想，人生那么长，总应该按"正常流程"走一遍。

一年多以后，同学又碰面了，他明显感觉到大家的差距已经拉开了。创业的同学已经买了车，他还是坐着公交去参加聚会。他想，这样下去不行，他要迎头赶上去，就从公司辞了职，创业做服装生意。

当然，做生意总有高峰低谷，人很累，精神压力也大，衣服卖得不好就要把压货亏清处理，卖出了爆款订单又做不过来。

那时候，金达就想把家里造房子的钱和讨老婆的钱赚好，以后想过什么样的日子就过什么样的日子。

"年纪小的时候就想当老板，想赚钱，在外面经历多了，觉得身体健康，身心愉悦最重要，重要的是过好生活。"

虽然开民宿也很累，旺季的时候简直忙得不可开交，但金达在晴柔找回了真正生活的感觉。

5

来到晴柔，正好是阳春三月。

春天的花溪就像一个花季女孩的裙摆，洋溢着烂漫的活力与生机，舍不得安静地坐在屋里，总想沿着门口的石板路，走得远一点，看看花溪深处还有什么样的风景。

晴柔的门前就是清澈见底的平板溪，溪水的声音就像最轻柔的呼唤，唤你停留片刻，尽情地体会眼前这美得像诗一般的风景。

要是在盛夏七月，走出民宿的大门，没迈几步，就能赤脚潜进溪流里了，让沁凉的溪水抚摸脚丫，该多么惬意。

平板溪的对面，是一座被水雾蒙上面纱的青山，明明近在咫尺，却看不透彻；明明高高耸立，却丝毫没有压迫的感觉。

走在平板溪边，头一回感觉到被一座大山静静地依偎着。

想起金达常常挂在嘴边的那句话："这就是我想要的生活。"

谷种
看得见风景的房间 / ✂ 滕 艺

往秋千上一坐，
悠闲地欣赏窗外的风景，
好不惬意。

谷种，是女儿取的名字，意思是源源不断的生命力。

"民宿的设计都是我女儿做的。"

朱朱本来就喜欢笑，一提到女儿，脸上的笑容更浓了。

谷种是一栋四层高的大房子，整屋刷成乳白色，搭配全套浅色原木家具。一走进大门，就感觉神清气爽，丝毫没有复杂冗余之感。

简单、精致、环保，是陈永华和朱朱两夫妇打造谷种民宿的初心。不难发现，谷种的角角落落都贯彻着这种设计理念。

二楼是主要的公共空间，大通间的格局让空间显得更

满屋的乳白色，让人一见就感觉神清气爽

加宽敞明亮。正中央摆着一张大长桌，客人可以在这里随意小坐、喝茶聊天。空闲的时候，朱朱也会在这里做些手工活，比如用粗粗的麻绳勾编成一张张圆形的杯垫。她认为手工做的东西，都有一种特有的温度，正好家里也需要这样的小物件，可以给客人用来垫垫杯具。

长桌的右边是一个顶天立地的大书架。这是朱朱刚刚找人做的，这两天她正到处收书，想让书架的内容更丰富一点。

虽然民宿一年前就开业了，该有的设施也一应俱全，但是对于细节的种种，她还有很多想要实现的想法。

"不着急，慢慢来吧。"

有灵感的时候，就动动脑筋，动动双手，随着时间的慢慢流逝，谷种会一点一滴丰盛起来，自己也会和谷种一起成长。

小村静静地窝在半山腰

　　这个成长的过程，或许才是最重要的，至于收获，总会悄然而至。

　　长桌的左边有一个高出地面几十厘米的榻榻米小屋，孩子们总喜欢爬到上面滚来滚去，喜欢日式风格的年轻人见了也欣喜，纷纷脱掉鞋子，围坐下来喝茶。半敞开的设计让这块区域显得尤为静谧，有时候，朱朱会在这里给她的学生上瑜伽课。

　　厨房在一楼，吃饭也在一楼，桌子比二楼的还要大，圆的、长的、方的都有。

　　朱朱说，客人中有学生过来开派对的，也有上班族过来团建的，长方形的桌子方便他们吃自助餐或西式简餐。长辈向来喜欢大圆桌，整个家族的人一起过来玩，总要热热闹闹围在一起吃顿中餐。总之，各种需求她都考虑到了。

至于方桌子，是包厢里的麻将桌。虽然有一间棋牌室，但朱朱一般都不建议客人使用："来我这里玩还打什么麻将呀，太浪费啦！"

朱朱做的私房菜远近闻名，吃过的朋友都赞不绝口，但她可不轻易下厨。

"只有好朋友来，我才会亲自做给他们吃！"每当老友欢聚，她总会毫不吝啬地拿出自家酿的薏仁酒来招待大家。她笑着说，家里人酿的酒已经存放几十年了，大家都喜欢喝，一尝到那老酒的滋味，茅台都看不上了。

朱朱的热情总是感染着身边的朋友，夫妇两人也很珍惜朋友之间的情谊。

一开始，他们并没有想把谷种做成民宿。

朱朱是江苏扬州人，二十多年前嫁到了磐安，她在扬州开两家服装店，常年两头跑，虽说经营稳定，要忙活的事情也不少。丈夫陈永华从事农业相关的工作，平时也很忙。

夫妻俩倒是有一个共同点，就是朋友多。

既然要改造家乡的老房子，他们就想做成会所的形式，平时不对外开放，只招待自己的亲朋好友。到了周末，大家工作一周都累了，可以来这里放松一下，吃吃饭、喝喝酒，如果想住下来，也可以在这里睡上两晚。总之随亲友喜欢，即兴而来，尽兴而归就好。

所以在民宿的装修设计上，都是按照自己喜欢的样子，投入了不少心力。

没想到等谷种装修好了，朋友看了都很喜欢，纷纷提议，应该做成对外营业的民宿，让更多的人过来享受假期。

谷种的定位在村里算是最高端的，而且采用了现代化的管理方式，住宿费用也比旁边的民宿高了一截。

"只要来住过一次，就会明白是值得的。"

谷种共有 8 个房间，每个房间的风格一致，又各有巧思。

朱朱带我去看他们家的网红房间。

房间分上下两层，一楼是起居室，半边铺着竹编榻榻米，雪白大浴缸就在窗户的旁边。沿着木质楼梯上楼，入眼一张大床，客人舒舒服服地泡完热水澡，可以到更加安静的二楼入眠，也可以在一楼的榻榻米上随意躺平。

另一个网红房间，推门进去就看到一面大窗户，窗前有一个从天花板上吊下来的秋千，在房间里看到这样的场景，还是觉得很浪漫。尤其是饱餐之后回到房间，往秋千上一坐，悠闲地欣赏窗外的风景，好不惬意。秋千的旁边还有一个高脚吧台，要是能在这里小酌一杯，一定会度过一个更加美妙的夜晚。

第二天睡到自然醒，慢悠悠地下楼，正好享用朱朱准备好的丰富早餐——香喷喷的烤面包佐酸奶、牛奶，还有五种以上的水果，开启元气满满的一天。

谷种所在的三亩田自然村，平均海拔 750 米。

上山的公路蜿蜒平缓，驱车不一会儿，就能看见静静窝在半山腰的三亩田村。

"沿着这条路再往上走，就能看见一大片油茶田。"

本来那里是一个土地开发项目，搁置后一直荒着，陈永华觉得可惜，后来也有人来看过这块地，想承包了去做其他项目，他觉得不妥。

陈永华从小在三亩田村长大，对家乡有着深厚的感情，经过深思熟虑，他做了一个重要的决定，自己来承包这 300 多亩土地，用来种红花油茶，只有这样才能把这块地保护起来。

红花油茶是一种适应性很强的作物，抗旱、耐寒、耐贫瘠，很适宜在三亩田村种植。不仅可以保持水土、绿化环境，还能生产出气味香醇、有益健康的红花油茶油，供家人朋友食用。

陈永华的初心很简单，他知道这不是一个可以快速回报的生意，而是需要长期投入的事业，但他也万万没有想到，这片茶田让他整整等了十年。

土地开发以后，土壤没有以前好了，植物生长艰难，一直到去年开始，茶田才略有收成。虽然等待了那么长时间，但看着漫山的油茶越来越茂盛茁壮，他还是很欣慰，他希望自己的家乡可以变得越来越好。

但行好事，莫问前程，就像他和朱朱的谷种一样，慢慢走着，走得稳当。

问朱朱对谷种未来的想法，她说，还想添一只壁炉，冬天可以取暖，让客人围着烤红薯吃。

"冬天要来玩呵，三亩田的冰棱可漂亮了。"

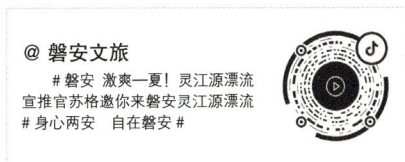

花千宿

理想的夏天 文 滕 艺

眼前的花溪村，
好像一个初醒的少女，
美丽而恬静。

山里真静。

午后的花溪村，路上不见什么人，偶尔看见几只大白鹅在散步，大摇大摆地走着，一路走得歪歪扭扭，互相聊着天，像是要去赶个热闹的集市。

花千宿贴山而建，在村里地势较高的地方。到了花溪村，往小山坡上走一段，就能看到花千宿的院门。推开两扇小小的木门，美丽的庭院映入眼帘。

花千宿的院子，可能是花溪村里最大的一个。

沿着石板小路走进院子，眼前是一个水蓝色的长方形泳池，泳池边摆着些桌椅。花千宿的主人李柏珍说，夏天的时候，每当夜幕低垂，院子里的灯都会亮起来，客人就

山里的日子，很安静

泳池就像一个缤纷的舞池，即使没有人，也兀自浪漫着

在泳池边烧烤聚会，非常热闹。院子的右边是一个木质秋千，秋千旁边有许多多肉盆栽和绿色植物，为充满活力的院子平添些温馨与可爱。

花千宿独栋三层高，一共有六间客房。如果是带小孩来玩，一定要住在三楼的亲子房，挑高的屋顶使空间显得更大，窗外的景致也最秀美，房门口还有一个亲子公共区域，小朋友可以在这里玩游戏、看图画书，大人们便终于可以放松片刻，在院子里、在泳池里，偷得半日清闲。

连着公共区域，可以直接通往三楼的大露台，站在露台上，能俯瞰大半个村庄。

眼前的花溪村，好像一个初醒的少女，美丽而恬静。这里没有过度商业化的流水线产品或人工设施，多的是清甜的空气和明媚如画的自然风光。一边是连绵不绝的青山，一边是白墙黑瓦的屋子。一栋栋白屋在这幽静的山谷里，显得分外纯净整洁，像是被大盘山流落的泉水清洗过一样。

看着目光所及的风景，所有的风尘疲惫仿佛都被洗净了，身心得以真正放松下来。

如果是和朋友一起来住，可以选择二楼的套房，房间很大，功能区一分为二，除了有舒适大床的休息区，穿过一面电视墙，就去到了另一个茶空间。一张硕大的原木长桌上，茶具一应俱全，约上三五好友在这里品茶聊天，好不惬意。套房一边静，一边动，让民宿的体验感更加丰富，给客人贵宾般的享受。

花千宿不仅院子大，地下室也很宽敞。

作为花千宿最大的公共空间，地下室集会务、餐饮、娱乐等多种功能于一身，一次可容纳十几二十人的团队来这里团建。虽然是地下一楼，却一点也不觉得暗沉沉。设计师在一楼的地面挖出几个洞眼，装上大块透明采光玻璃，把光线直接引到了楼下，让人在地下室待着也不觉得特别压抑。周到的柏珍还为客人配备了投影、卡拉OK等会务、娱乐设备，团体客人在会议室开完会，还可以在这里办活动、开聚会，大伙儿聚在一起唱唱歌、喝喝酒，放松心情，唱累了就坐下来吃一顿地道的农家饭。

无论是客房设计、院子设施，还是公共区域的配置，花千宿完全可以满足客人的个性化需求。在这里，足不出户就能把周末的两天一夜过得丰富多彩。

吃过晚饭，在花千宿的院子里荡秋千，面朝一座山，山下一池碧水，黑蓝的夜空挂满了星星。

花千宿是花溪村里唯一拥有游泳池的民宿。

因为是冬天，泳池里没有蓄水，但池壁上的灯还是亮着，把整个空空的泳池照得分外绚烂。灯光由蓝转绿，绿转橙，橙转紫，池子里小小的瓷砖瞬息间变换着不同的颜色。泳池就像一个缤纷的舞池，即使没有人在里面摇曳裙摆跳一支圆舞曲，也兀自浪漫着。

泳池旁边还有一颗"心"，是用草皮编织而成的，有一点朴素，又有一点儿笨拙。摆在赤橙黄绿的泳池旁边，有点儿古怪，又别有一番碰撞的趣味。

当然，旺季的花千宿可不像今晚这样静的。到了五月份，泳池就蓄满了水，恭候纷至沓来的游客。

来花溪玩的游客，很多都带着小孩，因为花溪村有一条远近闻名的平板溪。盛夏的花溪村，溪水清澈、空气沁凉，大人小孩都喜欢来这里避暑纳凉。孩子们都争先恐后要去溪里玩耍，大人呢，也不能眼巴巴在岸边看着，纷纷抱上一只大西瓜，泡到溪水里，不一会儿工夫就变成了冰镇西瓜，等孩子们玩累了上岸来，就把冰镇西瓜切开了，大家分着吃。

理想中夏天该有的样子，这里都有。

林语堂说："人生世上，他的问题不是拿什么做目的，或怎样去实现这目的，而是怎样去应付此生，怎样消遣这五六十年天赋给他的光阴。他应该把生活加以调整，在生活中获得最大的快乐，这个问题跟如何去享受周末那一天的快乐一样实际，而不是形而上的问题。"

回到老家花溪村，在这里开始新的生活和创造，对李柏珍来说，也是一个重新思考生活的重要契机。

李柏珍以前在城里做模具生意，打拼了好多年，后来回到故乡参

绿色植物为充满活力的院子平添些温馨与可爱

与乡村建设，做了几年的村干部，为村里的大小事务出了不少力。他高兴地说，村里马上就要统一为各个民宿安装外立面的装饰灯了，等灯都装好了，晚上都把灯亮起来，花溪村一定会更加漂亮。

　　从农家乐升级到高端民宿，怎么把民宿做好，李柏珍也有过很多考虑。好玩，好吃，好住，是一个地方能源源不断吸引游客的基本维度，花溪村有着得天独厚的自然风光，这一点毋庸置疑。好吃嘛，地道可口的农家菜也不是问题，如何让客人们住得下来，并且住得舒心、住得如意，就很重要了。

　　对于花千宿的设想，柏珍并没有想得太过高远，他想，只要自己的孩子们喜欢，孙辈放暑假了也喜爱到这里来玩，那么客人们应该也会喜欢这里的。照着这个目标，一点一滴地积累和改善民宿的软实力，踏踏实实地服务好每一位客人，就是他最大的心愿。

璞宿

三亩田里的桃花源 　/　 文　滕 艺

要是兴致好，可以开车到山顶，
站在大风车的底下，
近距离感受风的力量。

鲍先进是村里的大忙人。

他是璞宿的主理人，也是三亩田的村支部书记。平常
不但要管村里的经营建设，还要协调景区的大小事务，有
忙不完的事儿。

三亩田自然村位于磐安县盘峰乡，因村前有面积三亩
的大田而得名。沿着灵江流水溯源而上，在蜿蜒平缓的山
路之间，一幢幢崭新的洋房赫然可见，雪白的墙壁，青色
的屋顶，在蓝天白云的映衬下显得精神奕奕。

三亩田村的平均海拔有 750 米，周围青山环抱，空气
清甜。因其风景秀美静谧，民风自然淳朴，吸引着源源不
断的游人。

复古风格的客房尤其受到年轻人的喜爱

开民宿以前，鲍先进做了几年高山蔬菜的生意，前两年村里开始改建，老房子全部改造成了现在漂亮的浙派大别墅，作为村支部书记，他参与了整个过程。

鲍先进在这里出生长大，恐怕没有人比他更了解这个美丽的小村庄了，他说，现在的三亩田村可跟以前大不一样了。

以前这里古老而陈旧，一家子好几口人全都挤在一间小屋子里，连个正经的厕所也没有。现在的三亩田村，家家户户都是大房子，窗明几净，宽敞整洁，房子外头还有独立庭院，村民都在院子里种上了鲜花绿植，还有人在鱼塘养乌龟锦鲤，让整个村子显得更加生机勃勃。

三亩田村距金华、温州、台州 2 小时车程，距杭州、宁波大约 3 小时车程，要是想从这些地方过来玩，跑一趟倒也方便。村里统共百

空间丰富而有趣味

来号人口，大大小小的民宿有二十几家，随着大家的共同努力，已经形成了一定的聚集效应。

鲍先进说，村里为了更好地满足日益增长的游客需求，特地建了一个游客服务中心，这个服务中心目前配备了客房、多功能会议室、餐厅等，面积很大，功能也一应俱全，村里还为服务中心引进了丰富的服务业态，这样一来，服务中心就可以和村里的所有民宿联动起来，一起承接外部的公司会务、单位团建、聚会、婚宴等活动。据说，按村里现在的接待能力，承接 3000 余人的旅游人潮不成问题。

现在，村里的民宿算是刚刚起步，各项经营都要村里干部操心，鲍先进常常起早贪黑，忙得不可开交，夫人见他这么操劳，多少有些无奈，"为了管村里的事情，他自己的身体都不管咯"。

看着三亩田村越来越热闹，鲍先进还是很高兴。

璞宿是他自家的民宿，整体风格是他喜欢的古典中式，深胡桃的地板主色调让璞宿显得沉稳大气，客房的墙上挂着几幅中国水墨画作为装饰，平添一番古韵。

除了中年人喜欢的中式客房，也有装修成欧式风格的房间，墙壁有的刷成芥末黄，有的刷成橄榄绿，配上两张乖巧的沙发，画风瞬息一转，变成了复古法式风情。这几间复古风格的客房尤其受到年轻人的喜爱，另外，榻榻米茶室、loft 空间等元素也都巧妙地融合在璞宿的各层楼之间，让它不只呈现一种单一的风格，空间丰富而有趣味，丝毫不显老派。

硬件设施筹备到位了，经营和维护这间民宿可让一家子人都忙活起来，一到旺季，住客接踵而至，一波波客人常常是无缝衔接，有时候连打扫卫生都来不及。

鲍先进说，三亩田村环境好，对城里人来说是个天然氧吧，有地方开会，又有地方玩，经常有一大堆团建的客人过来住上好几天。往往是头几天开会，余下的时间就用来休闲养生，吃饱喝足休息好了，大队伍再返回到城里去，回归以前的日常生活。

三亩田村就像一个曼妙的世外桃源。

别看三亩田自然村不大，可玩的地方却是很多。离村庄两公里处，是著名的灵江源森林公园，景区面积约 5000 亩，有着丰富的自然旅游资源，空气负氧离子含量在 2.0 万个 / 立方厘米以上。

景区里拥有"世界第一高空玻璃悬廊"和"华东第一高空玻璃桥"，2020 年景区还新建了彩虹滑道、步步惊心和高空自行车等游玩项目。

巨大风车就在眼前，也是难得一见的奇妙景象

　　除了这些适合亲子游玩和户外拓展的设施，灵江源景区植被茂密，森林覆盖率达到 90%，连绵不绝、奔腾不息的瀑布群更是让人流连忘返。

　　沿着三亩田村往上驱车几公里，有一座磐安滑雪场，滑雪场占地 9 万平方米，其中造雪面积就有 6 万平方米，是滑雪爱好者的绝佳去处。

　　山上还有一个风力发电站，巨大的白色风车错落有致地分布在山顶，随着风缓缓转动，要是兴致好，可以开车到山顶，站在大风车的底下，近距离感受风的力量。由远及近的巨大风车就在眼前，也是难得一见的奇妙景象。

　　盛夏时节，三亩田村的最高温一般不超过 26℃，是夏季避暑、疗养休憩的理想目的地。数九寒冬，可以来这里滑雪，看冰凌雪景，美不胜收。春秋更是不在话下。

　　勤劳的村民在村里种了许多瓜果蔬菜，游人可以去田间采摘，体验农活趣味，也可以在民宿静候，等待主人端来一桌丰富美味的农家菜。

@ 磐安文旅
成仙之路，灵江源森林公园😁

打开抖音搜索页扫一扫

青崖翠谷，鸟歌风舞，云转岚舒
住在这样的风景里，仿佛时间也能够慢下来

第三章

山河小岁月

心与浮云闲

汇森绘舍

自然栖居，森系生活

文 简 儿

"我喜欢山上的风，
门前的小溪，
明月的夜，
白日的梦。"

1

磐安冷水镇潘潭村，一个宁静、秀丽的小山村。里面坐落着一家民宿：汇森绘舍。门前即是一条溪，溪水似淡绿色缎带，映照着天光云影。

汇森绘舍与三森三室是姊妹民宿，女主人是陈姐的妹妹。

她在金华开装修公司，平时雇了一个管家，由陈姐帮忙一起打理民宿。

山村宁静。你看山民不疾不徐地赶集，走路，吃饭，砍一根竹子。沿袭的生活方式仍是古老的、悠久的。

花器皆来自山野，譬如竹筒花瓶，一根竹子可以做十几个

从集市上回来，陈姐一路向我们描摹一幅春日山居图。

远处梯田上绿油油一片，种着茶叶和贝母。这一阵春茶上市，去山民家里能喝到一杯刚炒好的新鲜春茶。贝母是药材，种植贝母经济效益高，一亩贝母可以卖三万元。山村风气好，贝母收上来就晒在马路上，也没人会拿。

门不闭户，路不拾遗，山村仍沿袭着淳朴美好的民风。

沿途经过一个指示牌：云水谣，陈姐说这也是家民宿，在山顶上种了一百多亩芍药花，每年都会举行芍药节。女主人是个很实在的人，年年都亏，可是依旧年年办。做民宿的人内心都有一种情怀。

进山，左拐，潘潭村到了。只见山民家门前竖着木架子，晒着面条，这是磐安著名的手工面，五颜六色的面条长长地垂挂在架子上，似彩色丝线做的帘子。

汇森绘舍在溪边第一幢。当初花了 200 万元投标买地基造的。潘潭村人多地少，有一千多户人家，建房子要指标，一平方米地基 7500 元，把老房子拆掉，可以抵一半钱。陈姐妹妹把老房子拆了，买了溪边的地基，造了一幢现代别墅。

一个日式庭院，栽了一株罗汉松。白石，假山，枯山水，石桌子，石椅子。晴日，在石桌子上摆一盘棋，一只竹筒花瓶，斜斜插一枝花，有着盎然的古意。

2

管家小周伫立在门口笑盈盈迎接我们。这个 1997 年出生的女孩子，性格外向、开朗，一见人就笑。小周原先在陈姐妹妹的公司做线上运营，去年 5 月来民宿做管家。老板娘很信任她，放手把一切事务都交给她，她也不辜负老板娘的厚望，一下子就写了两篇小红书，第一篇小红书即浏览量过万。一周内就有客人打电话过来预订客房。

汇森绘舍之前在携程网上搜不到，现在排名第一。小周笑嘻嘻地说，我带你们进去参观一下吧。

小周先带我参观地下室，一个超大空间，有会议室，活动室，餐厅，KTV 房，裸露的水泥天花板，现代极简工业风。

二楼是客房，皆以颜色命名：竹青，牙白，水绿，品红，黛蓝，杏黄，代表着一年四季的色彩。

房间朝南，带露台，木床，木柜子，竹帘子，干净简素。

从天花板上垂挂下三盏藤艺灯盏，营造出一种温馨感

房间里没有电视机，陈姐笑嘻嘻道，我自己家中卧室没有电视机，坚决把这个习惯强加给客人。

三楼房间以家人命名。陈姐妹夫姓庐，故曰庐舍。

自从建了民宿，陈姐妹妹和妹夫回磐安的次数多了起来，有时周末带朋友、客户过来吃个饭，度个假，亦是放松心情，让心灵得到休憩。大家都很喜欢这个临着溪的房子，坐在落地玻璃门前的沙发上，舒服地晒晒太阳，喝喝茶，享受一段惬意美好的时光。

小周带我们去一楼大厅茶室喝茶。大厅轩敞，米色磨石子地面，烟灰色吧台，木头柜子。从天花板上垂挂下三盏藤艺灯盏，营造出一种温馨感。

茶室是中式的，摆着檀木架子，小几，几上摆一只陶罐，一丛雪

柳，开着茂密白花。小周说，这盆雪柳从过年一直到现在了，仍孜孜
不倦冒出小花，我们夸她是个种花小能手，她乐呵呵地笑。

　　小周说，汇森绘舍的主题是森系生活，所以食材大多取之于山
上，会根据季节不同，提供当地一些小吃，也会带着客人一起动手做
美食。譬如凉豆腐，就是窗前这棵树——村里的人叫它籽树——掉下
来的果实磨成粉做的。

　　而带着客人摘果子，磨粉，做豆腐，客人都觉得很稀奇，觉得山
上的东西都是宝。你瞅着山上很寻常的、无甚稀奇的一样东西，也许
就是一样宝贝呢。

3

　　装修也是森系的，屋子里很多摆设、花器，都是取之于山野。譬
如一只竹筒花瓶，插一枝山上摘的野花，美则美矣。

　　比起玻璃瓶或别的花器，竹筒做的花瓶更具山野气息。

　　果然，桌上、几上随意摆着一些花器：一个水缸，一只陶罐，一
节竹子，一块溪边捡的鹅卵石，用钻头把里面掏空了，种上多肉。基
本上种的小花小草，都是从山上挖来、采来的。

　　上午小周和阿姨去山上采花了，看到一株野桃花，开得艳极了，
美极了，可是没带剪刀，又怕折坏了花枝，一枝花也没折回来，真可
惜啊，只采回来一束野白鹃。

　　可惜归可惜，心情仍是愉悦的。小周把采来的野白鹃分成两束，
一束插在一个圆形藤艺花瓶里，一束插在竹筒花瓶里。一瓶摆书房，

一瓶摆餐桌上。碧叶白花，清新怡人，屋子里好似住了一个春天。

我尤其喜欢那个竹筒花瓶。小周说，央了师傅去小溪对岸的竹林砍的毛竹，一根毛竹可以做十几个花瓶。做好的花瓶就随意摆在桌上、几上、廊檐下，客人们喜欢，可以带几个回去。

4

客人来这里你会带他们做些什么？

"自己玩儿呀。见山，听风，观云，发呆。来这里就是想得到放松，一般我也不会去打扰客人，除非客人有需要，想出去玩，我会给他们提供游玩攻略。"

那你家有什么好玩的么？

"有啊，竹筒饭，铜锅饭，篝火晚会。就在门前小溪边，支个锅子，客人们亲自搭灶，去山上捡柴（山上有许多落叶、枯枝，捡回来烧火），煮上一锅香喷喷的竹筒饭、铜锅饭，有一种自然的野趣。"小周打开拍的视频给我看，溪边的白石滩上，几个黑乎乎铜锅，架在石头垒的灶上。

你最喜欢这里哪个季节？

"一年四季都喜欢啊，四时风物不同，各有各的美。春天，去山上采青头，做清明果子；夏天，把脚丫伸进小溪里，让小鱼游过来啄；秋天去林中捡松果，足足捡了一箩筐呢，捡回来随意摆在桌上、几上，拍照的时候，拿两三枚松果摆盘，拍的照片很文艺，有山野之气；冬天去溪对岸的竹林挖毛笋，煮一锅雪菜毛笋汤，我顶喜爱喝

夏暮凉雨后，酷暑消褪，朦胧处灵动，小院别有一番清新滋味

毛笋汤了，加了雪菜（一种芥菜雪菜，一种白菜雪菜），吃起来无比鲜美。"

在这里最开心的事情是什么？

"发呆。"

最无聊的呢？

"也是发呆。一个人发呆的时候，会忘却尘世一切烦恼。心灵归于澄澈，你会觉得啊，自己和这一缕山风，一朵云，一株树，一枝花是同类。"

与小周聊天，我觉得愉快极了，我从这小女孩身上领悟到了很多，也得到了许多智慧和启示。

比如，如何倾听一缕风，观看一朵云，插一束山野采来的野花。

比如，令人开心和无聊的其实是同一件事。

还比如，每一份工作都应该认真对待，不管你喜不喜欢，既然做了就要全力以赴。

5

"有一天，一只小鸟飞来，停憩在餐桌旁的花枝上。它一点也不惧怕人，也不惧怕镜头。我冲它拍了半天，它也气定神闲。倒是我怕鸟妈妈会着急，轰了老半天才把它轰出了屋子。后来啊。我猜它是一只神鸟。"

小周与我说起一只神鸟的故事。

小周一天的日常：上网看看浏览量；布置屋子，带客人参观；发发小红书，写写朋友圈。

也和阿姨一起下厨做饭，端菜。

民宿分工没有那么明确，客人到这里，想看当地人的生活状态，体验生活。

晚上，小周住在民宿里，有些现代化设备，有的客人不会使用，要随时候着。

"日子平淡，我很喜欢。"

这是陈姐的口头禅，也是小周的口头禅。

世界那么大，你不想去看看吗？

小周点点头，又摇摇头。"我觉得待在这里就很好"，小周读书时是个学霸，看书，做兼职，西塘、乌镇，一个地儿也没去过。

有时觉得自己真是荒废了青春，竟然都没出去玩儿呢。

但又觉得自己过得很充实，念书时她把大部分空余时间用来勤工俭学，她在企业当财务，学校门口手机店当销售。小周学的是工商管理，毕业后同学们大多去了银行，她回到磐安老家。

"我觉得最好的生活在这里，不在远方。我喜欢山上的风，门前的小溪，明月的夜，白日的梦。最好的时光，是当下，此时与此刻。"

@ 磐安文旅

五月花神降临云水谣，百亩芍药花竞相开放，更有高空项目等你来挑战！

打开抖音搜索页扫一扫

溪山里

依山傍水有人家

文 杨青

水顺流而下，随着起伏不定的溪床泛起白色涟漪，
涟漪叠着涟漪，
像盛开在溪中的大花瓣。

1

云开云合，晚风轻卷细密的竹林。

三两人声，点缀着低垂的温柔夜色。

山在不远处，水流在近处。水声潺潺，山中的夜晚，
反倒显得安静极了。

在这里，有山、有溪，李相通的房子，就叫"溪山里"。

一座三层小楼，左右邻里相接，"溪山里"朴素而真
挚地站在村庄中间。

如往常每一个天气不错的黄昏，李相通习惯在饭后循
着溪声走走。他的步子很慢，一只脚轻拖着另一只脚，但

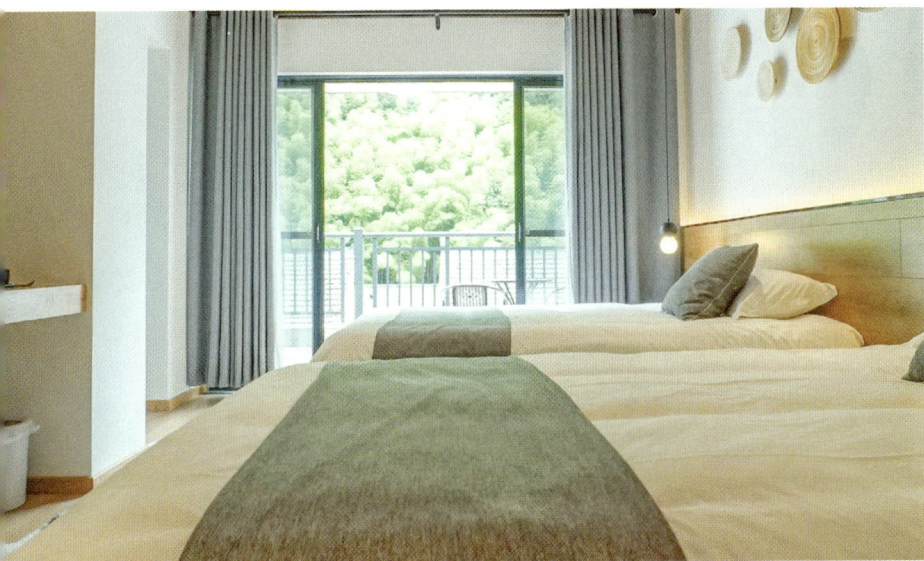

山在不远处，水流在近处

步伐坚定而坦然。李相通七十多岁了，二十多年前，一场突如其来的中风，使得原本健硕的他不得不暂停下来。

三月，山溪之边，海棠、桃花、梨花开得盛烈。水面上，有调皮的孩子在清浅的溪上嬉水而行。李相通走在我身侧，特意找了个低处的角度，指给我看："你看，花溪花溪，因为水流过来的时候，像好多花瓣。"

我低头一看，真的是呀。

长达 3000 米的平板溪，清清浅浅，水顺流而下，随着起伏不定的溪床泛起白色涟漪，涟漪叠着涟漪，像盛开在溪中的大花瓣。

位于磐安大盘山麓的花溪风景区，从磐安县城驱车到达，用时30 分钟。花溪的景致特色名号不小，"赏亿年火山奇观，涉千米平板长溪"，如果溯溪而上，到达大盘山山顶，还有两口火山湖东西相望。

从村庄前方流过的平板溪，据考证，就是火山岩的杰作。这样恒久的地理特征，放到当地人的生命历程中，就是"生来就这样"。

李相通也这样说，从他有记忆始，这条奇异的平板溪就一直存在。溪水一边是田地，一边是村庄屋舍，屋舍后头的山也是火山岩，光秃秃的，因而村庄原名其实叫作田里壁。

因为特殊的地理条件，田里壁的土地很少，山高水长，菜地不多，最远的时候，人们会把菜种到高山上。

田里壁的生活，大约就是在山、溪、田与屋舍之间。溪边的生活是丰沛的，洗衣、洗菜、抓鱼、游乐。溪边的生活也是恒久的，李相通想，他的祖祖辈辈，应都是这样生活。依山而居，汲水而上，自古以来都是我们中国人最向往的田园牧歌吧。

2

但也许，从来没有人像李相通一样"诠释"过花溪。

像花朵一样，盛开在溪面上。

我想，这是因为，李相通总守在地势较低的大树底下看着花溪，他守在那儿干什么呢？卖草鞋。

那儿是一座桥的桥头，也是进入田里壁的入口。

李相通身体不好了，原本清瘦的妻子李仙娇扛起了生活的重担，洗衣做饭、耕地种菜，但他也总得做点儿什么。

花溪的好，虽然还没来得及声名远扬，但很早就有顺着溪边戏水而上的游客，探寻火山地貌、抓鱼抓虾，或图个凉爽。平坦的溪水经

喝茶，放空，也是一种自我修复

年累月，在溪床上铺出滑溜溜的青苔。李相通想了想，从义乌买了一堆拖鞋，在桥头的老枫杨下支起了个小摊，穿一次，两块钱——因为溪床滑嘛。

生意很好，家家户户都开始租拖鞋，因而很快，生意又不那么好了，山中能不费大力就赚到点小钱并不是那么容易的事啊。

李相通想来想去，拖鞋嘛，其实也不是那么适合在花溪里走的。他想起自己和祖辈时常穿的草鞋，防滑又牢固，但是草鞋又不太好看。

那时候，李相通和妻子还住在高处的老房子里，老房子还有块菜畦，菜畦里种着丝瓜，丝瓜要爬藤，李相通的弟弟从朋友的礼品厂捡回来五颜六色的碎布条，给他家的丝瓜棚当作爬藤用。

李相通脑子转了一下，决定拿这些花花绿绿的碎布条来亲手编草鞋，既好看，又特别。夫妻俩就一个编一个租，从早上八九点到傍晚五六点，如果不停歇，夫妻俩一天可以编十双草鞋，现在是租一次十元钱。

柔软的碎布条编织在一起，变成五彩斑斓的草鞋，有人看了央视第四频道的《远方的家》中坐在溪边编草鞋租草鞋的夫妻俩，还特地找过来看一看。

现在，花色草鞋已成为整个村庄的特色。红绿相间的，是活泼一点的女孩子喜欢的，褐白相配的，是沉稳一点儿的男性所喜欢的。

3

山中的夜晚，墨色铺满。

村民随着沉沉的夜色大部分已经睡下了。在山中，随着光的来去，睡觉也是自然而然的事。

城市哪儿有那么暗的夜呢。

远山黑影重重，李峰平驾着车与妻子陈冬芬归来。这是李相通的儿子儿媳妇，夫妻俩平常在公安系统上班。往常，他们一般是周末回来，小长假回来，今年顺利的话，从五一开始，儿媳妇会辞职回到老家，专门来打理他们的"溪山里"。

"溪山里"并不是在老宅的基础上修建的，老宅地势太高了。新建的三层小楼，和邻居家挨在一起，这也没什么不好。爸爸妈妈单独在家的时候，可以到邻居家走走，甚至妈妈去菜园子里摘菜的时候，也可以站在路边闲聊几句。

这是山中生活的一种节奏，也是田里壁几百年来的生活日常。

"溪山里"也是他们的新家，这个新家的打造，两位老人全听儿子儿媳妇的。他们从杭州请了一位设计师，没有什么很特异出新的要求，只是希望清爽、利落，又有着家的温馨。米白加灰色的主色调，原木色的家具，大厅中放一张大茶桌，桌后的景窗里，一树青松蜿蜒。屋顶上，二楼阳台宽阔，预留给客人们在星空下喝茶聊天。

有了新的"溪山里"，李峰平有了归来的愿望。

他说，以前总觉得小时候的生活美好自在，下河捉虾捉鱼，山边漫游吹风。但成年了，去往城市赚钱养家，山中生活成为一个愈来愈远的梦，从来没想过还有回来安家的可能，现在呢，是有了机会再回到梦里，多好。

4

一到夏天，村子就热闹起来。

这个虽有三四十户的村庄，改造前，鲜有年轻人留在村庄里，现在，人越来越多，到了春夏之交，更是游人如织，嬉笑声鼎沸。

李相通很喜欢这样的时刻。

五十岁之前，他是个沉默的庄稼人，上山、下田，每天忙着低头干活。五十岁之后，虽然行动不太便利，但草鞋摊子上，来往的游人有小孩儿，有年轻人，也有像他一样的老人。他总愿意请走乏了的游人在摊子前歇歇脚、聊聊天，有时候自动充当景点讲解员。

他说花溪很长，要往里走，一直往里走，走到尽头，是个小龙潭。

花色草鞋如今已成为小村的特色之一

其实就是声名远扬的火山湖。

在曾经腿脚麻利的时候，我想他一定很熟悉这些风景，现在虽很少再去，但把这些嵌在自己生命中的风景与自在分享给其他人，是李相通现在的快乐。

夫妻俩的草鞋小摊位，现在变成了溪边的小铺面，两幢小小的木屋，是这几年景区改造的成果。他们特地领着我去看，仿佛那是他们遮风挡雨的安身之所，就在溪水之滨与桃花树下。

山中雨水来得快去得也快，有人在海棠林下的水上秋千缓缓飘荡。年轻一些的邻里在海棠树下施肥、锄草，就像曾经呵护庄稼一般。

有稀疏游人在花间穿梭，听山间鸟鸣四起。

在这桃花源一般美丽的地方，他们如同这山中的一棵树、一片云。你知道，无论世界怎么变，他们仍然会在这溪山里。

云心境

海拔 1314 米的浪漫

🅕 吴卓平

云卷云舒，绿草如茵，
行走在山尖，让人心旷神怡。

从杭州出发，抵达磐安仁川镇西产村已临近午夜。

山上人家入睡很早，九点过后，整个村子几乎灯影全灭，一片沉寂。

是夜，月亮把纯净的天空晕成苍蓝色，村子周围高高的山脊变成黝黑的剪影，带着强烈的神秘感。

一幢白色的房子正亮着灯光，室内的暖黄色透过窗纱，隐隐勾勒出建筑的轮廓，在漆黑的静夜里释放出润泽人心的气场。

这正是我此行要拜访的目的地，云心境民宿。

山下还是市井烟火，来到山顶，便成了闲云野鹤

1

一夜的好眠。

第二天，自然醒来，打开窗户，有山风拂面，等我戴上眼镜望向窗外，脑子里立刻闪现出一句诗，"只在此山中，云深不知处"。

真不是故意掉书袋，的的确确是诗一般的恬静自然，诗一般的悠然自得。

西产村群山环抱，竹浪滚滚，叠嶂映彩，顺着山势向上看，还能看到山海之间露出的一座座电力风车。

云心境，这幢白色小楼正坐落于小村的中心。

说起民宿的缘起，女主人虹姐的确有故事。

2017 年，隆冬，原来的老房子濒临倒塌，得推倒重造。而平日里，虹姐一家工作生活的重心都在杭州。

房子重造的目的，如若只是让这房子不再濒临倒塌，逢年过节回家有个地方落脚，那么，平时必定是闲置的。

然后因无人居住又重新破落？

这显然过于奢侈了。

于是，她和丈夫心生一个愿景：不做常规住宅了，做成民宿吧！

2

接下来的一切，既顺理成章，又颇费周折。

顺理成章的是，想法有了，接下去便是一步步落实，请设计师，建筑规划，软装设计……而颇费周折的则是，原有宅基地的面积并不大，因为小山村处于半山腰处，可供造房子的平地不多。

地小有大志，蜗壳亦乾坤。

"再苛刻的限制，办法总还是有的，设计师在各种不利条件下，找到了最合理的解决方案。"

譬如，三维空间上的错落关系没条件体现，设计师便在平白的立面上进行了解构。

譬如，楼顶滴水檐和一楼的腰线在一片白色中用深灰色勾勒，营造了些许新中式建筑的意象。

再譬如，竖形条窗像中式古典字画中的画框，从里往外看风景，窗外的景物是通过取景框裁剪后的画，更有精致含蓄的美；从外往里看，透过狭窄的景框，内里灯火明灭，人影幢幢。

当然，所有的设计与改建工作，都是谨小慎微的，"我对设计师

大自然的气息让空间充满了祥静又生动的灵气

的要求之一，就是最大限度地尊重当地文化和村民的情感"，然后再对场景进行慢慢梳理。

所以，当这栋白色小楼取代老宅重新矗立于院落之中时，"完全没有突兀于村庄，依然属于这一片山野"。

3

拆掉旧房子之前，设计师也和虹姐达成了高度共识——

要把老宅里的老物件存放好，以备将来为配饰之用。

很多东西再破旧，对主人而言都是有用的："回忆啊、情怀啊之类的且不说，有些旧物破家具经改造用上，能省很多钱。"

于是，那些平日被堆于角落、粗糙蒙尘的坛坛罐罐，现在插上各色丰美的花枝，灰头土脸的它们也变得精致优雅起来。

民宿的日常皆由虹姐的大哥、大嫂打理，这些花枝正是他们从山上采摘而来，一枝一叶带着泥土的芬芳、山中云雾的润泽，大自然的气息让空间充满了祥静又生动的灵气。

当然，说起老物件，在房间里，我还发现了樟木箱。

这可是江南一带老一辈人男婚女嫁必备的家具，随便哪家老宅里总会搜罗出那么一两件。

如今，给它们重新打磨上蜡，装上现代的金属脚座，安置在民宿的房间内，立刻变得时尚艺术又蕴含光阴沉淀的厚重感。

看我望着老木箱入了神，虹姐不由打趣道，如果走到它跟前，用手去轻轻抚摸那朴质的纹路，闭上眼睛，沉下心去感受，甚至"能听见时间的叹息声"。

4

如果说西产村特有的云山雾海，成就了云心境之境，那么，书便是云心境之心。

再没有什么气味比书香更为隽永了，它能让一个就算再无味的空间也变得馥郁起来。

"一开始买了两百本书，放置在书架上，竟显得有点空"，不够，还有那么多床头桌尾可供随手翻阅的空间还没安置呢。

于是，虹姐掏出手机，又默默下单了六百本。

正因为如此，在网上，有来客点评云心境为"一个可以住宿喝茶吃饭的图书馆。"

可知道一个漂亮的藏书众多的图书馆是多令人向往的地方吗？

在虹姐和设计师的想象中，远道而来的旅人走进民宿，在炉火旁抖落一身客尘，然后随意踱几步，都能随手抽到一本自己喜欢的书，泡一杯热茶，在袅袅茶香中轻轻地翻看书页，这应该是最美好的旅行体验了。

所以，如今的云心境还有一条不成文的店规，客人假如喜欢某本直至退房仍没看完的书，没问题，只要夸一句老板娘真漂亮，再关注云心境的公众号即可带走。

实在不好意思？算了，送你了送你了。

5

曾有哲人说，云朵满足了人类对于天空最早期的想象，而云朵似乎也是有情绪的，当人的情感投射于云层之上，云朵也因此获得了"生命"。

在云心境的一天，大抵也是这番可爱。

阳光正好的下午，虹姐建议我开车去青梅尖看看，"山顶很漂亮，可以坐看云卷云舒，美极了"。

对于青梅尖，我其实早有耳闻。

这是磐安的第一高峰，海拔 1314 米，连数字都透露着浪漫的密码；山涧细流以主峰为中心向四周辐射，流入始丰溪、好溪、文溪、西溪和夹溪，并最终汇入婺江、曹娥江、瓯江、灵江，素有"群山之祖，诸水之源"之称；山顶还有一块三角界碑，三面分属磐安、仙居、缙云，正是古时的婺州、台州、处州，因此站在山尖上遂有"一脚踏三州"之说。

上青梅尖的路，蜿蜒绵长，车行了 15 分钟光景，乍一转头，突然发现风车已在咫尺。

刚刚端坐于院落中抬头仰望，那风车已如巨人般矗立，而现在站在青梅尖顶，一排排望去，更是气象万千。

6

山上云卷云舒，让人心旷神怡。

我还偶遇了一群驴友，他们已在此露营了一晚，至于为什么会来这里？他们七嘴八舌起来。

"白天正好开一个野餐趴，晚上能够躺着看星空，这里满足了我关于日出、夕阳、星空的所有幻想。"

"清晨醒来，正好看到云雾奔腾，风车也成为朦胧的剪影，等到晨雾散去，晨光洒满山头，一切又变得很清晰，有种真实的梦幻感。"

……

骑行、露营、野餐，这是驴友们的玩法，听上去，感觉很棒。

的确，相比其他徒步露营的热门目的地，青梅尖简直是一个"空山无人，唯云自在"的私藏小众地，山下还是市井烟火，来到山顶，便成了闲云野鹤。

浪漫极了！

@ 磐安文旅

#磐安 记得许下的那 1314 的诺言吗？ #身心两安，自在磐安

打开抖音搜索页扫一扫

花影约

自在山水间 　　Ⓧ 杨 青

眼前是山色，
耳边是溪声。

1

如果问起花影约，那是整个村庄都熟稔的。大家都会
不约而同手一指：

"就是最中间那一家。"

这是主人李相权在村庄改造前就早早相中的地方。

坐落于村庄的中心位置，背后靠山，正门面山。出门
几步，便是流动了上千年的平板花溪。对岸一片绿茵，绿
茵之上竹林摇曳，棕叶闪烁。

这是三月里有风的清凉日子。

云雾盘桓在山尖，山谷中花海一片，村庄中三两行人

出门几步，便是流动了上千年的平板花溪

轻悄悄走过。

其实山中日子，一年四季皆如此，山林常绿，溪水哗然。人在其中，悠然自得。

就如这当下的李相权，正与太太牵着五岁的孙女，对着青山在溪边看这潺潺的流水。

大点奶声奶气："有没有鱼啊？"

大点是李相权的孙女，她还有个妹妹，唤作小点。

李相权有时会陪孙女大点去清浅的花溪中抓鱼，如他幼时一样，卷起裤腿儿，弯腰，伸出双手掬水而起，若恰巧拢住了一尾小鱼，大点会踩起水花，开心得手舞足蹈。

这也是李相权的"童年游戏"。

书桌上的一盏灯、一把寻常的椅子，都是主人搜寻来的好物件

游人们来到花溪，总爱住花影约，因为这里临水而居，一切生命中的美好，都离不开门前这条清溪，就如同李相权对于山中生活的记忆。

但算起来，李相权已然离开花溪二十七年了。

位于大盘山麓的田里壁，虽有"千年平板溪，亿年火山岩"，但在二三十年前，却是田地贫瘠的高山地带。那时候，全村的族人"太公一辈"需去路途遥远的高山上栽竹种菜，辛劳可想而知。到了李相权这一代，有本事的都背井离乡去了城市。

李相权走得不算远，早年定居磐安县城，这几年考虑到生意的便利，搬到了金华永康。因为他的店是给全国最大的缝纫机品牌专供一种零部件，五金之城永康当然是最合适的地方。

从永康到花溪也不算远，就在昨晚，李相权和太太带着大点，一路夜行，车程大约一小时。花影约造好后，在山中与城市之间来回，成为全家人的常态。

五岁的大点更是花溪的常客，她常给爷爷奶奶"耳提面命"：

"我们什么时候回花溪啊？"

"我们去花溪看鱼啊好不好？"

她甚至总爱念叨：

"花溪是我的。"

小孩的天真喜爱，是把她认为最好的，揽为己有。

还有什么比这更令李相权骄傲的呢？

2

太太傅敏芳记得，离开家乡的那一年，大女儿还比孙女大点小两岁。

这一走，回来基本也就没有住过，田地也送给了别家打理。

虽然花溪山好、水好，但他们的老房子，是一幢破旧的木板房。简单一个长条，隔成三间，父母一间，两兄弟一家一间，简陋可想而知。

夫妻俩总想回来走走的，但在城市住惯了的大女儿不愿意住回来，在城市出生的小女儿更加不愿意留宿。家的概念，对于两个女儿来说，更多是在城市，而非山中。

后来，老房子也被拆了，变成了宽宽阔阔的晒谷场。

但实际上，花影约的名字是当小学老师的女儿李颖琢磨的，廊桥环树月，影动留风情，这样的诗情画意。

在李颖眼中，在花影约，过的是"暖风拂夏花，笑颜映清溪"这样令人心安的山城浪漫日子——花影约的窗外恰对一片花田，四时花朵总相伴。去年夏天，对面的紫薇开了一片，全家人坐在厅中喝茶，对面山风摇曳，看得大家好不惬意。

从山中到城市，是一代人的打拼之路，但从城市"走回"山中，这条回头路，却是很多人想也不敢想的。

对于年轻的李颖来说，有了花影约，正好多一个美好去处，对父亲李相权来说，却是珍贵的重回心灵归处。

坐在明亮宽敞的花影约里，屋子外，时有游人走过，游人总四处张望，李相权稳当落座，看窗外行人三两走过，仿佛几十年来一直生活于此。

我在想，这二十七年里，李相权有没有曾经驻足过自家的田地边，有没有曾流连在亘古不变的花溪旁——有没有想过归来？

我想一定是有的。

3

这样好的位置，花费自然不菲。地基、建造、装修……光开凿五间地下室，就花了 750 个小时，地基下头也是亿年火山岩。但是岩壁好，冬暖夏凉，李相权做了个"地下娱乐城"，看电影，喝小酒，哼哼歌。

绿茵之上竹林摇曳，棕叶闪烁

作为生意人的李相权考虑事情非常精细，他能轻易分辨用材的优良。什么都要用到至好的，硅藻泥墙面、通透性极佳的汽车玻璃、上等的卫浴用品和床品、隔音佳的平开窗，甚至是天花板的一块木材、书桌上的一盏灯、一把寻常的椅子，都是四处奔波搜寻来的品质上佳的好物件。

智能家居系统把整个屋子连在一起，李相权说，客人从城市来到山里，是来休憩，享受在花溪的自在。

花影约的十间房，都面向一侧开窗，窗外就是花溪最美的青山。打开窗，窗下便是花溪的潺潺流水声。花影约最大的好，是它最接近群山流水吧。今年五月，花影约被评为磐安县十大最美民宿之一。

山村与城市的两面，是李相权生活的两面。他不是"山民"，却

屋子正对一片花田，四时花朵总相伴

是回归的"故人"。故人归来，迎宾待客，是作为主人的庄重与尊严，这是一点也不敢懈怠的。

更重要的，这是自己真正的家。

不过，说起来，很多都是大女儿李颖的主意，对于新家，她的想法总是汩汩往外冒。

十间完全不同的房间，房间里风格不一的家居。今天是一盏灯、明天是一面窗帘，后天也许又是一个杯子……建造前，她带着妹妹跑了很多地方，造好后，她也仍有诸多遗憾。

李相权坐在一侧，斜睨着滔滔不绝的女儿，说：

"主意真是多，去做的当然都是我这个爸爸。"

语气明明是宠溺的。

扭来扭去的大点也不落后，又向爷爷撒娇：

"花溪是我的。"

"好，是你的是你的。"

4

从设计到建造，花影约的花费大约是五百万元。

"这么大的投资，想过赚回来吗？"

按李相权的算法，其实不太可能。当然，他也从来没想过要赚回来。

"只是给自己一个回来的理由。"

这是一次归来。告老还乡、卸甲归田，还有什么比这更加动人而心安的人生理想？

生意在这里，是要被放下的。

五月前，李相权与太太都居住在城市里。五月后，天气转热，游人循着山溪的清风而来，李相权也要回家了，他把生意交给员工来打理，带着太太、大点，回到花溪，过上了另一种生活。

到七月，更热闹了。暑假到了，当老师的大女儿放假，上大学的小女儿也放假，全家人一起聚在明亮的花影约，在群山环抱中，一起过个长长的假期。

当然，这样的假期，实在是很忙的。

每年旺季，面山临溪的花影约总是早早被约满。

人们总是希望离水更近一些，离山也更近一些。住在花影约，眼前是山色，耳边是溪声，住不下怎么办呢？有客人毫不客气：

"那就让我们八个人一间吧！"

最忙的时候，全家人连个住处也没有。"管家"李颖睡过地下室，睡过躺椅。李相权则带着太太孙女投宿到亲戚家。但看到新家如此受欢迎，倒是乐此不疲。

吃食也很讲究，土鸡土鸭，还有石斑鱼。鱼不多呀，傅敏芳的弟弟在老家东阳承包了一条水质极佳的小溪，以后石斑鱼是不用愁了。

房间紧俏，从淡季到旺季，李相权永远只定一个价格，这是所有人想住在溪边的梦想，也是他的梦想。

李相权接下来的打算，是找一个好厨子，再找一个好管家。这样家人可以轻松一些，一起坐下来喝喝茶看看花，一起去山中乘乘凉吹吹风，一起带着大点在溪中找鱼找虾，这才是李相权想要的田园生活。

所以如何会从来没有想过归来呢？

最深切的念想总是要在付诸实践时才肆意蔓延，最好的期盼总是要等实现后才能露出几分得意。

李相权给自己取的微信名为逍游生，说庄子有逍遥游嘛。他拾拣两字，是尘世之人对于自由自在、无拘无束的一点向往。

窗外阳光铺洒，花田间有鸡犬踱步，我们坐在花影约的厅中喝茶，溪声偶尔漫过我们的沉默，这也不枉现代人的"精神逍遥游"了吧。

高二营地

诗意之外的故事　　文 吴卓平

这山、这水、这花、这草，
如今都是幸福计划的一部分。

　　车在盘山公路上行驶了三十多分钟，山道两边全是毛
竹，风一吹，沙沙作响，摇开车窗，风从竹林里钻出来，
清凉，还带着竹香。

　　"目的地在正前方"，在导航的一声提示声中，高二
营地映入了眼帘。

　　营地的管家，早已在门口等候，他的名字叫路远。

　　事实上，来到高二乡（现盘峰乡高二片）照研岗，的
确路远。

　　这条盘山公路，九曲十八弯，不止远了点，还高了点，
折了点，盘桓着一路的青崖翠谷，鸟歇风舞，云转岚舒，倒
是人迹在这个空间之中似乎已虚化为自然画卷中一抹顿笔。

热烈的黄色花朵，辽阔了天边，也韵染了山林

1

站在山顶，对着面前的青山，路远一一指给我看：远处那几个房子，是我们高二乡；那边半山腰，那一片房子，也是我们高二乡；那边那个山尖尖，露出一点屋顶那个，对对对，也是我们高二乡……

我眯起眼睛，远远眺望，厚重的云层遮住了初夏的阳光，雾气缠绕在高姥山山间。几个灰色、红色的屋顶，在绿色山体与稀薄的山岚中影影绰绰，恍惚间，有几分避世而居的幽静味道。

可定睛再看，层林之间似乎并没有道路，不禁纳闷，山上的百姓怎么出门？路远笑答：有公路，树林挡着呢，但是早些年，那是真没有。

耳朵虽然一直听着，我的心中却生出颇多感慨，"白云生处有人家"，意境如梦如幻，但对于这些世居山上的人来说，在诗意之外，生活的富足和便捷，那才是头等的大事呐。

此前，我也拜访过不同的山里人家，却只在心里感慨过诗情画意，而从未思考过大山深处"诗中人""画中人"的生活。如今，站在高姥山上，禁不住好奇，便多问了几句。

不过路远并没有直接回答，倒和我开起了玩笑。

知道为什么叫高二吗？年轻人高中没毕业就走出大山打工谋生，所以才取名"高二"。

这当然是当地人当初拿来自嘲的段子。

而真实的原因是，高二乡境内有大盘山脉的第二高峰，景色宜人，也因为山高路远，这里曾是磐安县最偏远、经济发展最缓慢的片区之一。

2

当然，这些世居高姥山深处的山里人家，并没有被遗忘，尤其是身处扶贫一线的干部以及早已走出大山的高二人，烟雨迷蒙，想的是漏雨危房；鸡犬相闻，考虑的是民生民计；空山不见人，自有保护与开发的权衡涌上心头……

2012 年，从高二乡走出去的新农人蔡文君带回了"我的幸福计划"项目：由他的农产品公司提供种子和种苗、农业部门提供指导、农户负责种植和养殖，统一管理成熟后，再以高于市场价回购。

同时，在上海、杭州、金华等城市开设磐安生态农特产专卖店，在电子商务平台和微信公众号"幸福工社"开设"幸福菜箱"，线上、线下同步营销高二产的高山蔬菜、生态大米、土猪肉、土鸡蛋。

大山的阻隔，留住了山坳里世代传承的古朴生活。而"幸福计划"看中的，正是这里的绿水青山以及乡民们祖祖辈辈传下的细耕慢作。

路远告诉我，计划实施几年来，产品供不应求，山里土货变成了城里人争抢的"高二臻品"。农户增收，生活有了奔头，幸福计划的辐射圈也越来越大。

而伴随新农村建设和乡村振兴持续推进，乡村旅游成为乡村发展的新途径。蔡文君看准了发展前景，将高姥山下的下初坑村黄泥坯房

这山、这水、这花、这草，皆是"我的幸福计划"的有机组成部分

改造成高档民宿"泥庐"，又在山顶的照研岗建起了以萱草园为主打的农旅文化产业园"高二营地"，并辅以"忘忧山舍"作为产业园的民宿配套。

幸福计划由此全面升级，从单纯种养的"幸福田园"转向乡村旅游为主的"幸福家园""幸福花园"。

听完介绍，我了解了营地的缘起，也明白了萱草园内的山舍之所以取名"忘忧"的缘由，因为萱草的别名正是"忘忧草"。而园内萱草经加工处理，制成食用之物，那便是家喻户晓的一道食材——黄花菜。

周华健吟唱过，"忘忧草，忘了就好"，事实上，在来到高二营地之前，我一直以为"忘忧草"与"忘情水"一样，仅仅是情歌里唬人的歌词，没想到，在照研岗，却邂逅了漫山遍野的"忘忧草"。

正值花季，这热烈的黄色花朵，辽阔了天边，也晕染了山林。

3

住在这样的风景里，仿佛时间也能够慢下来——

而高二营地的一天，是从撩云拨雾开始的。

早晨五六点，山顶一片迷蒙，山林开始渐渐苏醒，晨光透过云层，唤醒了云雾之中的营地。

鸟儿停在屋顶啁啾，推开门，走到露台，迤逦青山图卷便扑面而来，因为山舍木屋正对着一片峡谷，有着极为开阔的视野，酝酿了一晚的云，瞬息万变的雾，时而浮在你的脚下，时而如瀑般扑面而来……

我倒没有惊怍，因为路远告诉我，这样的仙境，是这个季节的常态，几乎每天都要在这里上演。

等旭日从山头的那一边慢慢升起，鼓动的风，便会和阳光一起，吹散晨雾，秀峦奇峰也渐渐显露真容。

悬挂于营地的一条条彩旗带，在风的吹动下，发出哗啦啦的声响，仿佛是圣山上飘舞的五彩经幡，远处云雾相逐，竟有几分如处秘境的圣洁感。

当然，来到这里，我还有一个发现，那就是对山的"可行、可望、可游、可居"，绝非难事，设计各异的房间，甚至能让你看到同一座山的 N 种风光——

例如，可借窗看，大面积落地窗，框出了一幅绝妙的山水画；可俯看，站在露台上，居高望山；可卧看，枕山而眠；可坐看，一边品茗，一边品山；甚至可从水中看，营地水塘的倒影中，浮现山与月，萱草与云朵，意趣无限……

如今，这山、这水、这花、这草，都成为了"我的幸福计划"的有机组成部分。

有人说"幸福的人都是一样的"，也有人说，"幸福，即是忘忧"。而在高二营地，我看到了关于幸福的更多可能。

@ 用户东东
下午的云 ~

打开抖音搜索页扫一扫

竹隐石居
山野有清风 ✍ 杨 青

村庄的小路古老，铺就的卵石被磨得溜光，
上头薄薄覆着清晨的露珠。

1

笔直的山野小径，由宽阔原野的中央向前伸展。

六月的白天，微风吹拂，野草野花的浓烈气息飘荡。

初夏，住在原野边，万物生长，连风都带上繁盛的意味。

黄浩每天都会沿着这条小径来回两趟。

早晨一趟，在早饭前，用跑的，独自一人，绕大圈，一共五公里。

晚上一趟，在晚饭后，用走的，约三两好友，行小圈，大约一公里。

道路两旁，莴笋、玉米、豆角、西瓜，地里田里，蔬

屋子里的老原木，有一种经年累月的沉淀感

果饱胀，浓绿漫溢。挎着小篮子摘了菜的当地妇人，蹲在小径旁的清水渠旁，脆生生的菜叶子浸入凉丝丝的水中，捞一把，又捞一把，利落放进篮子里，那一定是中午宴请山外来客的应时山蔬。

这两旁遍布着大大小小菜畦的小径，有个响亮的名字——乌石大道。乌石大道的一端，连着早已声名远扬的乌石村，另一端，则通向黄浩的新家——大山头村。

乌石村人声鼎沸、游人如织，伴随着天下第一农家乐的称号，每日村中的山外访客络绎不绝。大山头村可没那么热闹了，虽然乌石大道不到一公里，但沿着这条山野小径，是从热闹非凡走向藏在原野深处的宁静。

"知道的人可不多啦。"

沿着乌石大道，黄浩陪我从热闹向宁静深处走去。慢慢的，一个小小的白色村庄，从绿色原野中浮了上来。

2

什么都是绿色的。

黄浩站在绿色中心，看绿意的涟漪一圈圈由自己向四周荡开。

这个小小的村庄，围绕着最中心的绿色池塘而建，池塘外广阔田野遍布，有蔬果、茶叶、茭白，田地外，绿色起伏山野四面围合。

池塘边，有两层的木结构老房子，房子一头一个古老门洞，从门洞进去，走过一个广场，就是黄浩的"竹隐石居"。

这是一幢六层的白色房子，藏在村庄深处，背后倚着竹林，院子、墙基用当地有名的乌石叠铺。乌石沉静，竹林雅逸，搭在一起，是黄浩心中关于"竹隐石居"的山中生活。

村庄的小路古老，铺就的卵石被磨得溜光，上头薄薄覆着清晨的露珠。宁静的山中小村落，偶有燕雀掠过，只有黄浩的"竹隐石居"在宁静中"滋啦滋啦"作响。

还有十来天，"竹隐石居"就要在暑期来时开张了，工人们正有条不紊地收尾，而他跑上跑下当指挥——其实大部分时候也当"苦力"，赶工、打扫卫生，昨日搬了十八张床垫，今天肩膀还泛着酸痛。

在这里，二十八岁的黄浩还很年轻。两年前的某一天，决定开民宿的黄浩正在金华横店的交警大队上班。在交警队时辛苦，常通宵值班，白日夜晚，负责的是处理事故纠纷，看人和人之间纷纷扰扰，性

推开窗，目之所及便是池塘、田野，还有起伏的山峦

子沉静的黄浩说，都理解，但也许不那么快乐。

一旦进了山里呢？年轻人可真少啊。人人都从山中去往城市，他要从城市又回到山里吗？

纠结了大半年，黄浩最终决定来到磐安大山头这片山野。在池塘边，这位二十八岁的小伙子轻描淡写："三十岁了，要给自己立一份业。"

这一份业，就是竹隐石居。

3

一楼，酒吧、桌球、看看足球赛；二楼，花草庭院，乌石步汀，石槽老物件盛着花草，室内是个大餐厅；三楼至六楼，以原木白墙设计的格局不同的素雅客房，一共十三间。

房子里用的最多的是老原木，这是黄浩一年多来到处找得最辛苦的原材料。老原木难找，竹隐石居的用量又大，桌台、地板、家具，整整二十吨。在民宿建造装修的两年里，只要一听说哪里有，他就往哪里跑。

黄浩很喜欢老原木，不那么轻飘飘，不那么沉郁，却有经年累月的沉淀感，搭配气质沉静素雅的乌石，还有被窗像画一样框住的绿色竹林，仿若有远行之人回到故乡后久违的安定气息。

黄浩的妈妈笑盈盈端出一碗刚洗净的葡萄。自从黄浩来到这里后，父母也举家搬迁过来。不同的是，这次的一家之主，是黄浩自己。

房子要如何定位，成本多少，如何装修，都要由黄浩自己来决定。

房子什么时间段要完成什么事，家具什么时候到，窗帘明日就要挂上，也要黄浩自己来安排。

好吃也很关键。黄浩早早就开始邀请朋友，每周末来吃饭、试菜，磐安当地的特色药膳、农家小菜都有，不过最受欢迎的，是一道水库大头鱼。

时蔬是自己种的，一共三亩地。正值六月，有西瓜、四季豆、豆角、玉米、番薯、黄瓜、丝瓜、南瓜。黄浩掐着手指算，还不忘提醒：

"种西瓜要排水的。"

其实这是他第一次下地。

村庄的小路旁，有慢吞吞的老人正提了小小的水桶在浇初夏的辣椒和西红柿，黄浩一一问好。看得出来，黄浩正与这古老的生活节奏慢慢接近。

日子似乎过得与曾经完全不同了。

"如何不同呢？"

"自在。"

他期待接下来的七月。

七月，民宿开张，会有不同的人来，坐在他的小院中喝茶。那时候，黄浩会将自己这一年来逛遍的原野小径，一一分享给他们。

得幽山居

溪水的温柔　　⊗ 文　滕　艺

几千米的河床就像一块连绵不断的平整岩石壁，
游客可以赤脚踏入溪水，自在地走来走去。

得幽山居几乎符合我对民宿的所有想象。

房间有大面的落地窗，浴室摆着一个大浴缸。窗外青
山巍峨，脚边溪水清澈，自然风光触手可得。

最重要的是，每天醒来都有丰盛可口的农家菜在等
着我。

1

得幽山居依着溪水而建，迎面就是美丽的大盘山。到
了花溪村，沿着泉水叮咚的平板溪一路往上走，就能见到
它了。

山居依着溪水而建，迎面就是美丽的大盘山

志红在门口迎我，她看上去面色红润，神采奕奕。

她有点不好意思，原来，今天花溪村来了很多客人，不但点名要住在得幽山居，还非得吃上她们自家做的宵夜不可。眼看着太阳快要落山了，她得赶紧去为那十几位客人准备吃食，正忙得不可开交。

舍不得早早进屋休息，便赶她去忙，自己放下行李，四处晃晃。

得幽山居依山傍水，地处花溪村地势较高的地方，光是站在院子里，人就感觉特别开阔舒畅。

院子很大，足够十几二十人在这里开烧烤聚会，甚至还能在这里搭起帐篷，体验一把时下最流行的露营生活。

可惜这回没有伙伴，也没带帐篷，只好拿来一把椅子，独自坐在院子里。

这一坐，简直心旷神怡。

抬头望去，青山近在咫尺，清风伴着氤氲水汽拂面而来，耳边是平板溪轻灵的流水声，只觉得全身上下都在吸收着天地之精华。

身心欢畅，大概就是这种感觉吧。

也许是因为这里的空气太好了，山山水水也让人觉得安宁，在院子里坐了好久，几乎没听见什么人声。

这份宁静，对我这种土生土长的城市居民来说，真是难能可贵。我很喜欢这里。

2

志红总是笑嘻嘻的，这是她嫁到花溪的第十个年头了。

以前，一家人在村里开农家乐，后来村里改建，就升级做了民宿。

要说哪里不一样，硬件方面是明显提升了。但对志红来说，本质上并没有什么不同："我们是做服务行业嘛，第一就是要做好服务，要对人诚信，其实不管做人还是做事，道理都是一样的。"

过去这一年，志红几乎把所有精力都倾注在了得幽山居。

为了提供最舒适的居住环境，她和设计师反复打磨设计方案。其实，按照这栋楼的使用面积和原本的格局，可以隔出更多间客房供客人居住，房间越多，旺季的时候自然能有更多营业收入。但是，志红一心想把得幽山居的居住环境较以前的农家乐做一个最大的提升，她决定改变建筑的既有格局，打通所有可以打通的墙壁，这也意味着要增加很多成本。

"情愿房间少一点，也要足够大，这样客人住起来舒服。"

得幽山居共有八个房间，各个宽敞明亮。志红不但打掉了内部的墙壁，把外墙也大面积做成了玻璃，每个房间都有巨大的落地窗。客人居于室内，感觉开阔通透，窗外景致也能尽收眼底。

二楼的边套客房，房间里几乎没有墙壁隔断，志红照着自己的喜好，在落地窗边上摆一只乳白色圆形大浴缸。她说，每个来住的年轻人都喜欢得不得了，都说下次来还要订这间房。

大到房间格局，小到茶具款式，得幽山居的每一处细节，都映射了志红自己的喜好和审美。她说，既然是做民宿，就一定要有主人自己的想法融合在里面。

为了省省一些不必要的开支，她凡事都亲力亲为。除了自己采购全部软装，没事还会去大盘山上转转，看看山里有没有可以捡拾的"宝贝"。

有一回爬大盘山，看到地上有一根长长的树枝，弯弯折折的，颇有些自然野趣。那几天，她正发愁怎么才能把房间装饰得更好看些，看见这根树枝那么别致，于是动了把它搬运回家的念头。

就地取材，说干就干。她吭哧吭哧地把树枝一路扛回家，花了几天时间晾干，再挂到客房雪白的墙壁上。房间的氛围忽然变得自然生动起来，效果比她想得还要好。那天下午，她开心地发了一条朋友圈，"看来没事就该去大盘山转转，感觉捡了一个亿"。

志红说，钱要花在刀刃上，该省的地方还是要省。得幽山居的地下室还空着，她想做成餐饮娱乐区，需要花钱的地方还有很多。早晨眼睛一睁开，她就开始想着民宿大大小小的事情，每天都安排得满满当当，过得特别充实，时间像是从眼前飞过去的。

得幽山居的一天，真是太短了。

每一个角落，每一处细节，都映射着主人的喜好和审美

3

俗话说，吃好喝好，没有烦恼。出来玩，吃什么是头等重要的。志红深谙这个道理。

很多民宿老板都觉得自己做餐饮太辛苦了，就介绍客人到外头吃。志红认为餐饮是民宿必不可少的一部分，即使很辛苦，她和婆婆两人还是坚持了下来，旺季实在忙不过来，就找一些帮工来打打下手。

磐安的药膳全国闻名，很多客人来吃饭，都特别要点药膳做的美食。擅长做农家菜的婆婆会买些当地有名的药材，虫草花、当归、玉竹，等等，炖上一锅药膳土鸡或是老鸭煲。哇，那滋味，香飘万里。

志红说，客人提得最多的要求是一定要吃"土菜"，越"土"越好。山笋炖腊肉是婆婆的拿手菜，烤地瓜、柴火饭也很受客人的欢

山山水水，总让人觉得安宁

迎，锅巴更是餐桌上必不可少的"硬菜"。

难怪每到饭点，总是得幽山居最热闹的时候。

4

花溪村地处大盘山自然保护区，到这里来玩，主要是生态游，看看山，玩玩水，呼吸新鲜空气，吃吃香喷喷的农家菜。

还有得幽山居门前的这条平板溪，夏天很好玩的。

"赏亿年火山奇观，涉千米平板长溪。"

平板溪清澈见底，溪底平整如削，完全没有沙石泥土，像是故意的。据记载，这是亿万年前火山喷发造成的景观，几千米的河床就像一块连绵不断的平整岩石壁。游客可以赤脚踏入溪水，自在地走来走去。

　　在平板溪上游的一段，有一整排长绳秋千，不管是小孩还是大人，都可以一边荡秋千，一边玩水，也可以坐在秋千上，把脚丫子泡在水里纳凉。

　　一到暑假，志红在得幽山居就找不到她的两个儿子了，"准是在平板溪里玩呢"。

　　志红嘱咐我，如果要下溪去玩，一定要穿上他们特制的草鞋。

　　花溪岸边的晾衣架上，总是挂着五颜六色的草鞋，志红家也不例外。原来，花溪村的纯手工草鞋已被列入非物质文化遗产，志红的婆婆就是金华市非物质文化遗产"草鞋制作技艺"的传承人。

　　由于溪底太平了，溪底岩石壁较滑，游客穿塑料拖鞋经常滑倒摔跤，鞋子也容易被水冲走。老一辈就把草鞋做了改良，既绑得住，又不怕滑，是塑料拖鞋的最佳替代品，为了让游客喜欢，他们还对草鞋的外观做了提升。如今，花溪的家家户户都打草鞋租售，成了村民增收的一个新产业。

　　真是一个充满人情味的可爱村庄。

　　看着门口一双双漂亮的草鞋，想起志红的话："保持热爱，总会有很多瞬间告诉你，生活温柔且浪漫。"

　　得幽山居，就是志红一家人的生活。

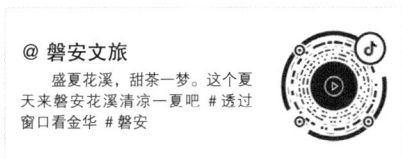

@ 磐安文旅
　　盛夏花溪，甜茶一梦。这个夏天来磐安花溪清凉一夏吧 #透过窗口看金华 #磐安

打开抖音搜索页扫一扫

晴芳阁

小村屋檐下

文 吴卓平

山里的民宿是个特别的场域，
住进山里的民宿，
就是走进山里人的家，
分享和体验另一种生活。

沿着大盘山山脚，车子一路前行，眼前的竹林越来越茂密，似海水般流动，终于，田里壁村到了，晴芳阁也到了。

小村位于磐安花溪，这里谷深林茂，是一个天然的森林氧吧，在振兴乡村、发展文旅的浪潮中，那些原本的村舍开始了华丽的转身，晴芳阁正是其中之一。

刚一进村，路上的阿姨便热情地问我要去哪里，随后，跨过小桥，坡上了又下，把我们带到门口，然后自己回家了。这感觉真好，似儿时在外婆家走门串户的模样。

晴芳阁毗邻着小溪，临水而居，推窗即景，给我的第一印象是清新、端庄、素雅。

叩开门扉，映入眼帘的便是宽敞的大厅，各处都被打

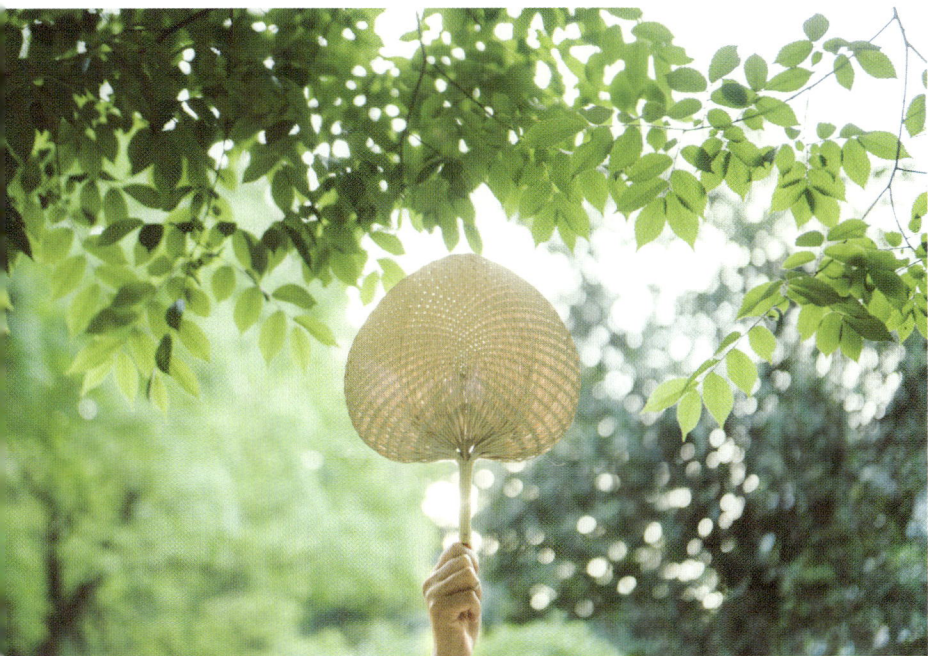

这里谷深林茂，是一个天然的森林氧吧

通，成为明亮的公共休闲区。室内的木质长桌、沙发、靠窗小茶几，让角角落落都拥有轻松休闲的氛围。而每个房间也被精心地营造出一种精致浪漫的生活感，素雅的家居配上暖色的灯光，大玻璃窗、若隐若现的窗帘半遮面，别有一番情趣。

可以看得出，民宿的布置与装饰风格是将现代与中式古典、乡野风情相结合，没有奢华的装修，但别出机杼地在设计与细节上花了一番心思。

"山里的民宿是个特别的场域，住进山里的民宿，就是走进山里人的家，分享和体验另一种生活。"

在晴芳阁的女主人张苏芳看来，房子的本质是回归自然，而人也是如此。

她在大城市工作多年，家乡的老房子原本只住着老人，在民宿、文旅建设浪潮的感召下，她将半闲置状态的老房重新进行了一番装修，并投入了运营。

"在城市里生活久了，常常会向往无拘无束的乡野生活。我们就是在创造这样的空间，让孩子们知道黄豆怎么变成豆腐，植物如何开花结果，四季怎样交替往复。"

如今，她的愿望实现了。

在花溪这个天然氧吧中，可以尽情呐喊，可以呼吸新鲜空气。这里还有竹林溪水，无论是孩子还是大人，都可以上山看景，下水嬉戏，开心地融入自然、享受自然。

哪怕不出门，只是坐在小楼的露台上，远望的时候，可以看到林海，下雨的时候，有水滴从瓦片间一滴滴落下，起风时，能看见竹林顺风低头……这些，也足够美好了。

"住在这里，就好似住进了乡下外婆家。当然，家和山林一样，都要永续经营。"

张苏芳深知，在自然环境与住宿硬件之外，民宿的核心魅力来自主人的情调，一定要让客人产生"生活在同一个屋檐下"的体验感和归属感。于是，她的贴心安排是：春炒茶挖笋，夏避暑戏水，秋摘果酿酒，冬围炉赏雪，"总之，要把客人融入花溪的生活里"。

她眼中的晴芳阁，快乐与幸福都有具体的模样：房前屋后，四时鲜花绽放，花影摇曳，民宿旁的小溪里，有成群的鸭子悠闲嬉戏，还有小鱼小蟹时而出没。还常有游客雅兴大发，垂钓一个下午，也有性子急的客人，挽起裤管，下水捉蟹，欢笑声和溪流声汇成一片，流向

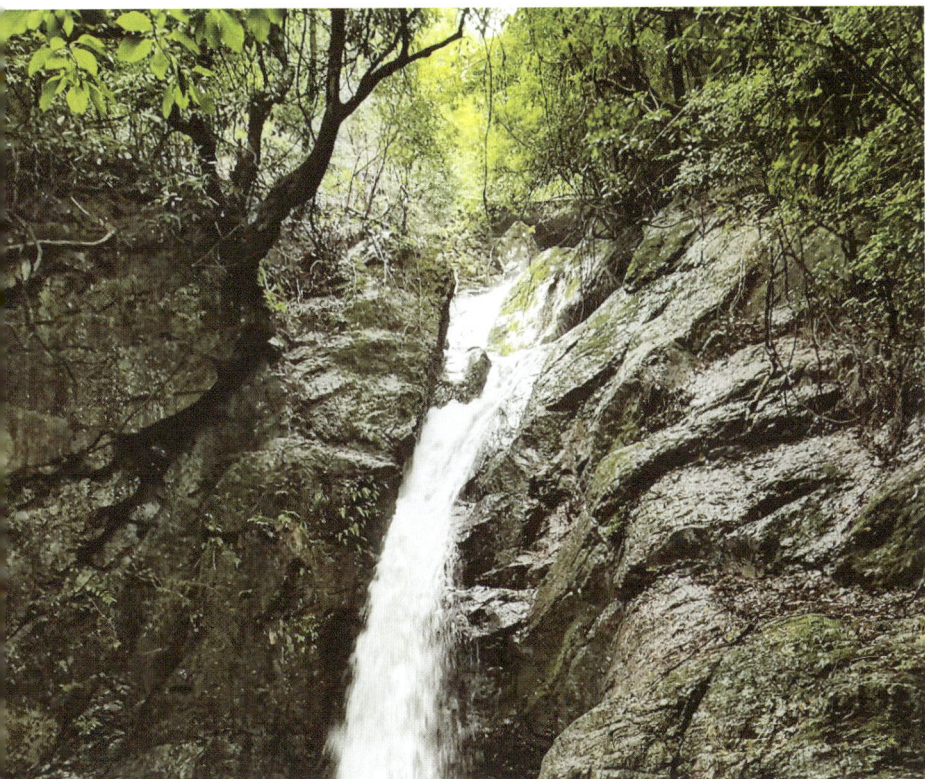

民宿旁有溪流飞溅，小鱼小蟹时而出没

山谷深处。

　　而我眼中的晴芳阁，"最美的风景"其实正是这"平凡"的乡野生活，一方小院、几缕炊烟、门前流淌的清澈溪水、挂满绿色藤蔓的拱桥、往来村人怡然自得……

　　这里的生活不做作，却展现着最真实的乡野。

@ 磐安文旅
　　走进花溪的深处，抬头看云卷云舒，低头看水流水转。 #身心两安　自在磐安

打开抖音搜索页扫一扫

无境歌雅

悬崖，天路，云上的院子

文 吴卓平

可以看见小桥流水，
听到鸡鸣犬吠，
闻到柴火烟味。

沿着陡峭山势，我开车慢行于磐安方前镇山区的盘山公路之上，有旅行达人将这条山路称之为"浙中川藏线"，当然，也有人称之为"天路"，的确，面前是漫山遍野的苍翠，贪恋着风景，我竟忘了从山脚上来已行驶了三十多分钟……

近一个多小时的车程之后，一个小山村瞬间出现于眼前，这就是"悬崖村"，因地处约八百米海拔的悬崖之上而得名。

一百二十多亩梯田，环绕着四十多户人家，而梯田的另一边，正是近乎垂直的百米悬崖。

但凡听说或到过悬崖村的人，无不惊讶这高山之巅，

怎会有如此平坦的地势，而山野人家又缘何定居于此？

我同样有此疑惑，求教于村中民宿无境歌雅的女主人王海燕，方才有个答案——悬崖村这奇特的地形、地貌，源于一亿多年前，彼时，浙中地区层峦叠嶂的山脉开始酝酿。

据地质专家考证，因为地势低洼，悬崖村所在的台地在一次火山喷发后，形成了一个小型湖泊，湖底由质地不太坚硬的碎石层层堆砌。紧接而来的第二次火山喷发，瞬间把这个小湖煮沸，并湮灭了。那一片台地，就好像奥利奥饼干的奶油夹心，被两层坚固的火山岩包裹其中。但大自然的鬼斧神工，千百万年来施展着水滴石穿的魔力，风化侵蚀掉上层的火山岩之后，"奶油夹心"得以重见天日。风化的岩石、碎屑和生物质杂糅于一起，最终演化成了土壤，还因为这里低洼的地势，水流再次得以汇聚。有了水，便也有了生命赖以生存的根本。

"如今，人们称盘山路为天路，是因为一路皆是风景，从前，当地人则戏称为天路，是因为山高路远。"

"不仅远，还窄。"

"村子的海拔落差近九百米，从前，交通一直是个大问题，因为路况极差，行车困难，物资流通很多时候甚至只能依靠人力，大物件进不去，也出不来。"

"许多山上人家始终住在旧居，有时并不是因为盖不起新房，而是因为送建材上山的运费甚至比建材本身的价钱更高。"

……

因此，几年前，悬崖村成了方前镇脱贫攻坚的第一线，厚重的现实责任，让乡镇干部们对看似诗意的栖居有了更多现实的考量。

2020 年，随着通往村子的盘山公路的拓宽、铺装、修缮一新，悬崖村那些"沉睡"的资源也被一一"唤醒"，就地取材，将古村风貌、风土人情、历史文化等融入规划设计，结合美丽乡村建设，打造集吃、住、游、健、养、乐于一体的地质文化特色村，让建筑"再生"，让乡村"复活"。

也是在这一年，因为自媒体上的几篇旅行攻略，原本封闭的悬崖村进入了公众视野，并依靠独特的地貌与风情，一举成为网红村。那一年五一小长假，每天都有近千人沿着盘山公路进村，一览村中奇景。

2021 年，中国地质学会公布的全国首批地质文化村（镇）名单，悬崖村榜上有名。也因为小山村的人气渐旺，村民们陆续办起了民宿、农家乐，王海燕一家正是其中之一。

静谧的山巅，那一栋毗邻山崖的古旧村舍，经过设计师的重新规

小村那些沉睡的资源如今也被一一唤醒

划与打磨，变成了一座古朴、雅致的民宿——无境歌雅。坐在房内，放眼窗外，苍山茫茫，绿树环绕，莺啼鸟啭。站于院内，一花、一草、一灯、一盏，品质不俗，且不失温度。

如同云上的院子一般。

尤其是早晨的悬崖村，云雾缭绕，有如仙境。而待太阳升起，云雾退散下去，则又是另一番风景。行走于村内，可以看见小桥流水，听到鸡鸣犬吠，闻到柴火烟味。有游人在村中的观景台上留影，也有村民们在庭院里淘米洗菜张罗饭菜，三五孩童嘴里含着糖在山径中追逐嬉闹……景景相映成趣。

在我眼中，这也恰恰是一幅生动的"中国乡村复兴图"。

老木匠

凉风来自凉村　　📝 吴卓平

在这里，
更能读懂村庄那种原生态的味道。

与"老木匠"蒋大哥的第一次见面实在令人印象深刻，那天的天气并不太好，山林间氤氲着雾气，包裹着这个浙中山区的小山村。

暮色熹微，沿着凉村那湿漉漉的步道而上，偶而有树上的雨水滴落，矮矮的灌木被雨滴砸得一颤一颤。步道两旁，有鲜活茂盛的生命力从土壤、从树梢、从石阶的夹缝中喷薄而出。

风吹过，一阵爽朗的笑声传来，正是老木匠民宿的主人蒋大哥，时间已晚，在他的带领下，我走进了院子。

民宿由老民居改造而成，与村中民居相融，又自成一体。来到民宿，所见即景，各处装点的绿植、老家具、小物件，

任何一个角度，都可以欣赏到大山的四季轮回

看似随意，其实每一个细节都颇为讲究，流露出一种"不设计的美感"。

而这些家具、物件，皆出自蒋大哥之手，他曾是一名木匠，因此，办起村里的第一家民宿之后，便也将民宿命名为了"老木匠"。院落的一面墙上，还专门陈列着他曾使用过的木匠工具，尽管老家什的纹理皆已斑驳，却让民宿空间拥有了一种质感。

除此之外，我还有一个小小的发现——一段老木头静静地躺在露台之上，充当着休歇用的长凳，虽然没有了往日的光彩，但它的生命以另一种方式延续了下来，残浊亏缺处，也成了岁月的纹理。

只不过，雾气越来越大，露台之外的景色，已看不真切，倒是蒋大哥笑着叮嘱，等明日早起，"便是另一番光景了"。

第二天天色放亮，果不其然，偌大一片山谷已在眼前尽情舒展开来。站在空阔的露台上，便能与对面的青山、悬崖村遥遥相望，峡谷风光尽收眼底，蒋大哥说，露台上的任何一个角度，都可以欣赏到大山的四季轮回,"春夏的早晨,整片峡谷往往都会被洁白的薄雾笼罩,对面山顶的村庄、盘山公路,甚至耕作的农人,若隐若现,等阳光从山脊那边射来,简直美得令人窒息"。

不仅是露台,房间里同样拥有无限的山景,甚至都不用推开窗,便是云朵飘荡的青山绝顶,躺在床上,可以静静地听山里的风声和虫鸣……

当然,除了景致,一座民宿的灵魂,就是主人生活方式的传达,"我希望把时间花在有意义的事上,希望每一天都可以真实地面对自己和周围的人,真实才是最珍贵的情感"。或许,这亦是老木匠的特殊之处。

和其他山野民宿院落一样,老木匠民宿也拥有山野草木,还有记忆中的乡村老房子,而又和其他民宿不太一样的是,在这里,更能读懂村庄那种原生态的味道,一抔泥土,一树繁花,仰或,一朵好看的云,一声淳朴的乡音……

自然,蒋大哥的木匠院子,也吸引了不少人的眷恋,在我拜访民宿期间,便巧遇到了几大家子人。

一位带着家人、朋友们特地从台州前来度假的父亲,不在节假日去景点看汹涌人潮,而选择住在老木匠的院子里。

人太多,房间不够,没关系,就在露台上搭起露营帐篷,看花赏月,徒步山径,感受山野的气息,再吃上几顿方前特色农家菜,几大家子的假期堪称完美。

他说:"儿子就想赖在这儿不走,偌大的山村,还有上上下下的山路,可是比城里的游乐场好玩多了。白天,可以去探寻草木,采摘野果,到了晚上,竟然还能借着月色看到天上飘过的云朵。"

宿在这里，能读懂村庄那种原生态的味道

看到孩子们无拘无束的样子，我倒是更加明了山野的意义，这里的一切对于村民是日常，但对于山野之外的人却显得弥足珍贵，推开门便是阳光和泥土，踏出庭院，便是青草、花朵和暖风，这应该就是很多人向往已久的质朴生活。

晚饭时，蒋大哥忙东忙西，却还不忘叮嘱我几句。

"明年夏天，再来一回"，"到了盛夏，凉村才真正进入高光时刻"，的确，夏天是凉村人幸福感最强的季节，这个位于方前镇的小山村，海拔九百多米，夏季平均气温比周边县市低6℃～10℃，这也正是凉村之名的由来，"到了晚上，气温甚至不到20℃，睡觉需要盖个薄被子"，"幸福是比较出来的，只要来了，你就懂了"。

我似乎能想象出这样的场景——大山里吹出来的风，带着水与树的气息，拂去一身的燥热……

明年盛夏，一定要再来一趟。

四时美景，四季味道
总有一种可以治愈你

第四章

一院藏四季

碗里天地宽

晨曦居

闲来下村，吃个过瘾

文 周华诚

去田野里散步闲逛，钓钓鱼摘摘菜，
傍晚去散步爬山，看太阳落山，到始丰溪戏水，
实在是乡野之趣，其乐无穷。

晨曦居民宿，开在方前镇下村村。下村这个地方，有点超越我们原先对于农村的想象。早先的农村，可能是这里一座那里一座民房散落在山野之间，房前屋后鸡鸭成群牛羊遍地。现在的下村可不是这样。我们去到下村的时候，一下车，眼前景象令人惊讶，只见绿水青山之间，一排排高档别墅整齐排列，道路宽敞，干净整洁。每幢别墅前后都有小花园，花园的设计布置各具审美价值，有盆景树木，也有凉亭小桥，有鱼池流水，有芳草萋萋。

晨曦居民宿，就是这样的一排别墅里的其中一幢。

晨曦居主人洪和虎，是一名"70后"，在经营民宿之前，一直承包房子装修工程，生意做得有声有色。因为想

苍苍翠竹绕屋旁

　　要做民宿，他就想做得有特色一些，凭着自己懂装修的优势，整个房子自己设计，自己装修，绞尽脑汁，硬是把每个房间都装修得各具特色，有模有样。你从外面看晨曦居，觉得跟别的房子差不多，但是走进一看，里面却是别有洞天，客厅就像是一个大酒吧，有着十分洋气的都市风格，也像是一个 KTV，都市里的人，一来到这里，也不会觉得诧异陌生。

　　作为一间民宿，晨曦居包括酒吧的装修总共花了两百多万元，按照四星级标准装修，选用的是环保品牌的上好材料。六间客房，也各有特色；棋牌，茶道，电视节目点播，24 小时热水供应，电脑，智能化配备等一应俱全。这还不算，还有豪华客卧套房，有的还配备了温馨浪漫的圆床，也有小清新风格的房间。至于顶楼阳台，楼下花园，都是休闲小坐的好去处。

但是客官且慢——本民宿最大的特色，还不在此。那么，最吸引人的特色是什么呢？主人说，在吃！

我们方才恍然大悟，方前小吃！方前小吃历经千百年的演变传承，得大盘山之秀，遗天台宗之韵，汲取金台两地饮食文化之精华，在创造中不断改良提升，逐渐形成了品种繁多、特色明显、风味独特的地方小吃。

你到方前来，一定要吃它的特色美食。其中，方前馒头、清明馃、糊拉汰、饺饼筒、扁食和甜酒酿（白药酒）最被人称道，俗称"方前六样"，这六样美食，可谓远近盛名。你到下村村来，一定要住一住这里的民宿，也一定要尝一尝地道的方前小吃。

以方前最有名的馒头为例——不就是馒头吗？还有特别的讲究吗？的确，方前的馒头坚持土法蒸制，制曲、发酵、揉面、制作、预热、蒸煮、出笼等多道工序，赋予了它江南水乡姑娘的温婉外观，又有蒙古汉子般的硬气脾性。方前馒头之所以独特，秘密在于使用了"白药"。这种"白药"，用的是当地人称为"辣蓼"的一种野草，煎中药一般熬成汁，滤净后，再拌入米粉或谷粉，搓捏成一个个鸡蛋大小的圆球。这种"白药"晒干后，有一丝淡淡的酒香，系方前农家常备之物，随用随取。做馒头之时，把"白药"敲碎，揉进面团，就成了方前馒头的酵母。方前馒头捏起来有韧性，嚼起来甘甜，麦香持久，耐人寻味。

再比如说，方前还有一种特色传统小吃，叫"扁食"——这种小吃，用番薯粉制皮，包入各色肉丁和菜丁，制成扁扁的耳朵状，入水煮熟。这扁食的馅儿，一家有一家的料，百家有百家的味儿；这扁食的汤料，盐、酱油、醋、葱花、虾皮缺一不可，也是一家有一家的秘

到方前，一定要吃一碗扁食

方，百家有百家的奥妙。所以，你在方前一定要吃一碗扁食，鲜美无比，叫人百吃不厌。

方前的小吃还有很多花样，比如，饺饼筒、玉米烙、糊拉汰、米粉饼，都是让人垂涎三尺的风味小吃。如果你到方前来，住进下村的民宿，大可以一家一家吃过来。这里的民风纯朴，你住在这一家民宿，要是闻到隔壁家的厨房里飘出奇香，大可以推门而入，大大方方让主人家端上一碗小吃来。

还别说，下村这样的村庄，自从洪和虎等几位村民率先开起民宿，带动民宿风潮之后，先后已有十几栋民宿开张迎客，每天可接待一二百位游客。如今，下村的民宿还在继续发展，环境也变得更加美丽，配套设施也越来越齐全。很多客人来到下村，住一天两天真不够，三天五天刚刚好，七天十天才叫过瘾。

或散步爬山，或溪中戏水，皆是乡野之趣

　　洪和虎说，很多客人住在晨曦居，早上和村民一样早起，去田野里散步闲逛，钓钓鱼摘摘菜，傍晚又去散步爬山，看太阳落山，到始丰溪戏水，晚上还可以在露台上看星星喝啤酒，实在是乡野之趣，其乐无穷——至于想吃什么特色美食，只要跟厨房说一声，晨曦居一定会给你一份惊喜。方前的小吃，在这里都能吃到，还变着花样让你吃，让你吃个过瘾。

　　等到离开的时候，你也可以跟主人说一声，打包几盒玉米烙、米粉饼带走；方前馒头、农家腊肉、番薯粉、土鸡蛋、山茶油、铁皮石斛，这样一些土特产，只要你喜欢，也可以多多地打包，统统带回去！这些东西好吃又不贵，还能支持村民增收、乡村振兴，一举多得，何乐不为！

@ 磐安文旅
磐安县方前镇炉田村百花潭顶

打开抖音搜索页扫一扫

印象人家

来山里当个吃客　　⊗ 麻　布

小屋几家灯明，窗沿缕缕清风，
这儿总能撩拨人内心最温柔的部分。

　　老毛好两口，香菇和茶叶。

　　每一年的春夏之际，他都风尘仆仆地呼朋唤友，三四十人，都是和他一般大的退休老头、老太太，一行人驾车从萧山前往湖上村，选的是一家叫印象人家的民宿。

　　按他的话说，这一趟可不能省，这山里啊，和城里的夏天是大不相同的。泡上一杯山里的龙井茶，吃上一盆民宿老板潘玲莉家的炒香菇，再去深山里玩玩水、赏个景，这才是像样的退休生活嘛。

　　"这民宿呢，也要挑一挑，我们每次都来印象人家，老板可热情着呢，年纪轻轻的，知道我们喜欢玩，带着我们到处溜达。老年人嘛，不太懂，跟着玩就行！"

别致的小庭院里，四季不同

印象人家这家民宿的装修风格倒是简简单单，整间民宿有 15 个房间，迎来送往一批又一批的老年吃客、玩客。别致的小庭院里四季不同，种满了四季茶花、海棠、凌霄花，一到三四月份，春色满园关不住，百花齐放，一番盛景。

潘玲莉还种了腊梅、桂花、铜钱草、菖蒲等，春夏秋冬，这小庭院里的景致极不相同，来此的游人在院子里都能待上一天，瞅瞅这近处的篱笆小藤，眺望目之所及的青山远黛，听听叮咚的溪水声。

不过来印象人家的客人，最爱的还是到处游玩。

2021 年夏天，潘玲莉就带着老毛他们去尖山镇凑了个赶集日的热闹。那条街叫尖山老街，离尖山村不远，开车也就十几分钟。那天早上，雾气蒙蒙的，人们赶集的热情不减分毫，沿街摊位鳞次栉比，好东西一件接着一件，堆得琳琅满目，一时间让人晃了眼。

吃喝穿戴、锅碗瓢盆，虫草和药材都有，什么虎刺、天麻、贝母、三叶香，还有新鲜的瓜果蔬菜，随便挑一家小摊蹲下来闲聊几句，小商贩操着纯正当地口音的土话，但也能听出大致的意思：都是去山上摘的，好东西啊，可新鲜着咧，客官买点不？

人群熙熙攘攘，人头攒动，老毛和几个同行人买了不少的磐安香菇，每个人一袋子的拎走了。"这一早上，各有所得。"老毛笑得合不拢嘴，他可最爱吃这磐安香菇了。

这香菇菇大体匀，说是叫菇中。潘玲莉说啊，这里的香菇可有名气了。不仅我们中国人爱吃，老外们也好这一口。每年磐安销往日本、美国、韩国的香菇有六千多吨。有这么好吃吗？我不禁发问，可我不爱吃香菇呢。

近观篱笆小藤，遥望青山远黛，总能令人徒生了几分惬意

去印象人家的这天，听着老毛极力推荐的香菇，我有点犹豫，由于个人喜好，真的很少吃香菇。可看着这端上桌的一盘香菇，也没放什么佐料，就这么清油配香葱炒的，也是香气四溢，大家你一筷子我一筷子，吃得津津有味，我也忍不住尝了一口。

一口下去，赞不绝口，一个字——妙！这香菇啊，第一口入嘴，鲜滑极了，慢慢咀嚼着，香气越发醇厚了，再咀嚼几口，居然产生了甜味，混合着油香气，连忙又夹了几筷子。

茶足饭饱，脑海里竟然有了不少创作的灵感，这山里果然是诗意栖息之所啊！一来一去，竟然改了我往日对香菇的"看法"。可能自此之后，我便爱上了香菇，怪不得日本客商总说，中国香菇出浙江，浙江香菇数磐安，不虚此名头。

其实这大山里啊，好吃的可不止这香菇，端上来的菜总是让人很有食欲，土鸡煲、炒野菜，新鲜采摘的茄子，就着青椒炒，到底是厨艺了得还是食材的功劳，不重要了，饱餐一顿是正事！

我问老毛，你还爱什么，他说，这尖山村里的他都爱，不管是香菇还是龙井茶，是印象人家的灶头小院，还是山里半水半分田的自然画作，都爱。

老毛叹了口气，他说自己年轻时候在城市里打拼，现在退休了，向往着田园生活，来印象人家的都是和他一样爱玩、爱吃的老年人，大家在城里都是孤单的，可来了这儿，就都成了相亲相爱的一家人。

有时候看着这城市里的人啊，像上了马达的机器，一刻不停息地运作着。他抬头看了我一眼，笑着问道："你是不是也有和我一样的想法，想在这山里多待上一阵子？"是啊，这空山新雨后，连绵起伏的山，郁郁葱葱的树木，笼罩在云海之中，令人徒生了几分惬意，怎会不流连忘返呢？

潘玲莉说，自己经营着两家风格迥异的民宿，一家是来去匆匆的年轻人，过客为多，总想着留予他们一份携往远方的念想。可这印象人家就不同了，这些上了年纪的叔叔伯伯阿姨们，有不一样的年代情怀，他们是"吵闹"的、热闹的，可也是慢条斯理的，一年又一年的，循环往复，在此写下很多很多属于他们的记忆。

潘玲莉开始用磐安龙井茶叶泡茶，她一边泡着茶一边对我说，"其实我刚回湖上村，先开的就是这间印象人家的民宿，用的是自己家的宅基地。因为营业得不错，也有了些经验，才有信心再去打理第二间。"潘玲莉说。

春色满园关不住

　　她总说时光如梭，经营民宿也好多年了，回到尖山是何其幸运。

　　能在这山里生活，自然是幸运的。

　　第二日，我便和老毛告别了，我得回到城里工作，而他们马不停蹄又要出发了。这几年老毛也走了磐安不少景点，舞龙峡、古茶场、十八涡、水下孔，"每次来都会发现周边的一些新的好去处"。这大概也成了这群老人退休生活的乐趣了。

　　多好啊。小屋几家灯明，窗沿缕缕清风。这儿总能撩拨人内心最温柔的部分，不管你身处何处，年龄几何。

　　你看，只要你想做的事，什么时候开始都不算晚。

致和居

豆蔻远志，玉竹凌霄

文 周华诚

开药店，开民宿，都是一个同样的目的，
就是为别人都能开心。

　　客厅里的花架上，两盆铁皮石斛枝繁花盛，石斛花属
于兰科植物，花开时非常漂亮，黄绿色的花瓣伸展开来，
花瓣上还有少量斑点，细嗅起来，石斛花还散发着淡淡
香味。

　　致和居民宿主人朱致亮，是一位执业中医师、执业药
师。当年他师从尖山镇的一位老中医，后来在方前镇开了
一家药店，还经营着一家工厂，日子过得红红火火，和和美
美。再后来，村民们希望他能回村竞选新一届村支部书记，
也就是从那时开始，他的人生轨迹发生了大变化。回村当
书记后，村民们看着这位原本文质彬彬的"儒雅先生"，一
下子成了村里上山头、下地头、蹲灶头的"老农民"。

空气中氤氲着淡淡清香，身心都可以静静

　　开这家致和居民宿，也是他作为村书记带头干的"工作"之一。

　　自己的民宿该怎么开呢？朱致亮首先想到的，是充分发挥自己的专长，把中药材元素引入民宿。磐安，国务院发展研究中心命名的"中国药材之乡"，有着悠久的中药材种植历史，早在宋代，这里就有了中药材交易市场。现在，磐安山区"家家户户种药材，镇镇乡乡闻药香"，中药材产业成了磐安具有一定区域优势的支柱产业，磐安也成为华东地区规模最大的道地药材集散地。

　　药材之乡，药香千年。磐安药材不仅品种多、门类全，更以产量大、质量好蜚声国内外。享誉全球的"浙八味"中，白术、元胡、浙贝母、玄参、白芍五味药材盛产于此，俗称"磐五味"。境内的大盘山，被植物学家称为"野生中药材的宝库"，崇山峻岭间隐藏着许多珍贵中药物种，区内有野生药用植物 1219 种，占浙江省药用植物种

206

类的 68%。

走进致和居民宿，你会发现每一间客房的名字，都是用中药来命名的——豆蔻、景天、远志、玉竹、凌霄，等等。这是朱致亮用心从中药材里挑选的名字。房间里还放着朱老板亲自选定的医药书籍，以及他亲手制作的灵芝摆件。药食同源，他还特别擅长做药膳——什么黄精炖肉，黄精炖鸡，西洋参土鸡煲，等等。其实药膳也是针对每个人身体状况不同，而有所差异，这就需要厨师本身具有一定的中药理论知识素养。朱致亮有时候就会根据客人的具体情形，为客人炖制最适合其身体状况的药膳。在致和居住几天，吃几天朱老板亲手炖制的药膳，不仅心情得到了放松，身体也得到了调理，可谓一举两得。

有一次，一位上海客人来住致和居民宿，办入住手续时，朱老板看了一眼客人带来的小孙子，发现小孩在咳嗽，问了一下，孩子有过敏性哮喘。于是朱老板问了情况，开了三服中药，过几天，客人接着到台州市三门去旅游，发过来消息说特别开心，孩子的哮喘好了，连海鲜也都能吃了。

这是让朱老板最为高兴的事，他开药店，开民宿，都是一个同样的目的，就是为别人都能开心。后来上海客人又带了几位朋友过来住，有空了做做中医理疗，渐渐地，也与朱老板成了朋友。朱老板有一间名贵中药陈列室，还有一间中医理疗室，来住民宿的客人有空的时候，还可以接受理疗，真的是做到了休养与调理相结合。

这样的事情，在致和居还真不少。有一位年纪较大的太婆，说话稍有点结巴，朱老板给看了舌苔，发现舌头下面静脉曲张厉害，舌上

主人特意把中药材元素引入了民宿

　　还有一些紫癜。朱老板说，"老大姐，你要稍微注意一下心脑血管的问题……"太婆听了，点点头，说你看得很准，我是有小中风。

　　后来，经过中药调理，太婆的口齿也清楚流畅了，本来脚步迟疑，行动也不太方便，现在也好多了。太婆后来专门到致和居住了几次，一次会住四五天，药汤药膳，都是朱老板自己动手熬好的，太婆说，在这里住民宿，不仅调理身心，还能养生，太划算了。

　　致和居还有一项特别的服务，就是中药茶饮。譬如有一位朋友，外面事务多，应酬多，经常喝酒，把肝喝伤了，朱老板特意为他配制了一帖中草药茶，平时用来泡水喝，喝了一段时间，感觉一身轻松，效果明显，于是又来配了 200 包药茶。致和居药茶的名声，也随着民宿客人的传播，去到了越来越远的地方，常常有人联系朱致亮，请他配上几百包药茶，给对方快递过去。

致和居民宿，开在方前镇的前王村，刚开的时候，村里还没有民宿；这几年，在致和居的带动下，已经有了十来家民宿。致和居的房价，也非常平易近人，而当初，这个民宿光是装修就花了七八十万元。对朱致亮来说，他开民宿和开药店一样，都是良心的事，不是奔着钱去的。他从来不会故意开贵重的药，他说只要药对路了，几块钱的药也能解决问题。他也不会把民宿的价格定得过高，而只是愿意贴近普通人的消费水平。

中医药文化，是中国优秀传统文化之一。能在民宿这个平台上传播中医药文化，也是朱致亮极为开心的事。民宿从来不只是几间客房，而是一个交流的平台，在这个平台上，朱致亮结识了许多有趣的朋友。

我们一起坐在致和居的客厅里，喝茶，聊天。朱致亮说话时轻声细语，他说到的一味味中草药，都有很好听的名字；一旁的铁皮石斛正在开花，在这个下午，静静吐露它的芬芳。

尖山云顶

穿越云海，直到山尖　　Ⓧ 宛小诺

深蓝天色下，山峦的轮廓像水墨勾勒的曲线，
平静的湖面上浮起一层薄薄的白雾，
云上仙境似的。

清晨在细雨迷蒙中离开杭州，过绍兴、嵊州，尘嚣渐远，视野所及，逐渐被连绵而温柔的绿色铺满。

下了高速，沿着弯曲的山路盘旋而上，海拔慢慢爬升，周边云雾浓重得像是要开到云上去了，水汽迷蒙的绿意中偶有夹杂的片片粉云，远看不知是杏还是樱。

昨夜里几声嘹亮的春雷，预示了春的到来。而这春意，到了山中，便更浓郁了。

1

直至开到那叫作"尖山云顶"的民宿，已然感受到这

青山悠悠，鸟鸣啾啾

名字的由来了。穿过云海，山之彼端，一汪碧水蜿蜒于层峦之间，夹溪上游的水汇聚在此，波平如镜，安宁静谧，名曰"皇城湖"。

"尖山云顶"临湖而立，它的主人林子早已在等候我们，上午刚离开杭州就收到了林子的微信："你们出发了吗？一共几个人，我先去把菜准备好。"此时见到其人，更是亲切，热情地招呼我们进屋里休息喝茶。

因为位于湖边的观景台旁，尖山云顶的庭院和小楼总是在第一眼就映入客人的视野。尤其那黑色乌石砌成的立面和院墙，更是在一众白墙房子中显得醒目。

在尖山镇，人们很早开始就地取材，采当地特产的乌石，垒屋砌墙。

乌石就是黑色的玄武岩，色如玄铁，质地坚硬。

乌石采来后，每一块要敲成不规则的石块，这样垒起来的围墙造型才更自然古朴。可是这么麻烦的活儿，施工的师傅都不乐意做，林子笑言自己除了付工钱外，还要天天陪着老师傅们说好话，哄着他们，最后才把石头墙砌成了她心中的样子。

院内地面的乌石小径，也是她指导师傅们应该把石板铺在哪个位置，当初别人都不理解为什么铺得这么疏疏朗朗、奇奇怪怪的，后来，在没有铺石板的空间，林子种上了草皮，等到如茵绿草冒出来，与黑色石板互相映衬，曲径通幽的错落感就凸现了。

林子说自己并非做设计做园林的专业人士，就是每一次出去和其他民宿主人交流学习时，处处留心留意，遇到心仪的设计和细节，她都一一记在心里。

2

这些女主人寄予其中的心意和情趣，成了"尖山云顶"最吸引人的地方，单说小楼前这一方小小的庭院，就已处处透着妙想，藏着主人的心思。

三年前，林子把经营了近十年的农家乐转型为民宿，其中的契机便是这个院子。那时村里发了些补贴，号召经营户们打造各家的庭院。对于庭院，林子心里其实早有想法，借着这个机会，她终于可以把自己梦想中的庭院变成现实。

鲜花是庭院的主角，花开不败，绿意盎然。春天，杜鹃、山茶、百合、月季竞相争艳。葡萄架下栽种的紫藤，到了五月，花串垂落成帘，紫云笼罩，别有风华。六月初夏，一大簇一大簇的绣球花盛开，梦幻如蓝色海洋。

水池里是常绿的铜钱草，随着水流轻轻摆动；矮墙上扔一些多肉，沐浴阳光，自顾自就能长起来；院墙角落的阴凉处，则藏着马兰花、杜衡、筋骨草、续随子等喜阴植物，是林子从山上移栽到院子里的。

林子老家在湖北黄冈，2007 年她和老公周仲良回到周哥的老家磐安县湖上村，见四周青山连绵，绿水绕村，山岚氤氲，是与家乡全然不同的景致。"我第一次看到那样重重叠叠、无穷无尽的山。山里那么多没见过的植物、野花，都让我觉得新鲜、有趣。我老公总笑我，说那山有啥好看的。可我就是喜欢，恨不得天天往山里跑，遇到好看的花花草草，就想种一些到自己的院子里。"

3

林子对老物件情有独钟，比如楼梯口那个被用作花插的红陶坛子、客厅一角那个摆放茶具的圆石磨、窗口上种多肉的瓦罐陶罐、院子里养铜钱草的石槽，等等，都是林子在周边农村搜集来的。

林子家的庭院里，第一眼吸引我的是一面影壁，影壁的设计就源于林子早先搜集到的三块老的木花格窗。这三块花格窗，一块扇形，两块八边形，图案各异，古朴素雅，嵌在乌石块垒成的影壁内。镂空的花格窗，若隐若现地透出墙后之景，给院子增添了一种通透灵动之感，别具一格。

因着这古色古香的木花格窗，影壁成了客人们最爱拍照留影的地方。

4

垒墙、铺地、养花、置叠水和水池，这么一修就在院子上花去了

尖山镇湖上村，地处海拔 520 多米的高山台地之上，茶园围绕，古枫参天，翠竹亭亭

十几万元，加上民宿房间的改造，林子当时从银行贷了一百多万元。
其他村民不理解，觉得他们"败家"——安安稳稳做农家乐不好吗，
为什么要冒着风险投这么多钱改民宿呢？

林子坦陈道那会儿夫妻俩压力也很大，一是经济压力，二是舆
论压力。但她或许骨子里就是想折腾、不服输的性格，就算再辛苦再
累，也要把民宿做起来。

客人中时常有从事酒店经营的专业人士，林子一开始也觉得忐
忑，像被老师检查作业的学生，后来和这些客人熟识了，得知他们的
喜欢和认可后，便更理解了做民宿的初心：好的民宿，是融入了主人
自己的心性在里面的。

"我们都是不怎么会说话的人，也没受过高等教育，唯一要做的
就是踏踏实实做好自己的事。"

5

喝着茶聊着天，天色不觉已暗，在厨房忙了好一阵子的周哥招呼
我们吃晚饭了。林子带我们到餐桌旁坐下，自己却要出门去。我们这
才得知除了这家民宿，他们在村里还经营着一家经济型的农家乐。去
年村里唯一一家小卖部关了，村民们平时买烟买酒都没处去，觉得很
不方便。这不，林子又把小卖部开起来了。

她可真是一刻也闲不下来的人呢。

我们自然不让她走，拉她一起先吃饭。

周哥手艺真是了得。豆干炒得喷香嫩滑，自家腌制的咸肉咸鲜

正好，当地土法做的豆腐带有独特的风味；春天的笋正当时，鲜嫩美味；鲤鱼香辣鲜嫩，就算刺儿多也顾不上了。

我们这些在城里老喊着要控制饮食的人此时大快朵颐，早抛掉了减肥之事。

林子笑道："我对他的要求就是，不能原地踏步，要有进步。现在这手艺也算上得了台面了吧。"我们啧啧地赞不绝口，难怪聊天时林子说好多客人就是冲着吃某道菜专程过来的。

如此新鲜美味的菜肴，谁不愿意一来再来。

6

四层的小楼，只设计了六个房间。如此，每个房间便都可以从窗户看见楼前的开阔天地。湖山、云海、梯田、茶园，尽揽入怀。

我的房间在三楼，打开阳台的玻璃门，晚风微凉，傍晚下过雨，空气中有浓郁的水汽。深蓝天色下，山峦的轮廓像水墨勾勒的曲线，平静的湖面上浮起一层薄薄的白雾，云上仙境似的。

那一瞬，我猛地感受到了十几年前林子跟着周哥来到村里的心情。

林深水远，鸟鸣啾啾。云缥雾缈，青山悠悠。身侧，是此生相伴之人。这便是一眼万年了吧。

@ 尖山云顶民宿
　　睡不着，那就回看自家云顶民宿。

打开抖音搜索页扫一扫

云舍

一碗烟火，乌米飘香

文 吴卓平

美食和春光，
皆不可辜负。

1

今年的春末夏初，我的朋友圈被一道独特的美食给刷屏了——

而这道美食，缘起于一群热爱爬山、露营、玩户外的驴友们，一位巧手大姐在踏青时认出了一种植物，采了不少，回家之后便做了一种时令食物，刚晒在朋友圈里，便赢得点赞一片。

朋友圈的评论里，朋友们纷纷请教，"在哪儿摘的""怎么制作""味道咋样"，好不热闹。

这种植物，就是"乌饭树"了。

"不时，不食"，这是山里人家的讲究与哲学

当然，"乌饭树"仅仅是江南鱼米之乡的俗称，也有不少人称之为"山炒米脑"，或者乌桐树，而其正式的学名则叫作"南烛"，还有人称之为"青精树"。

不过，虽然称呼它为树，其实也算不得标准意义的树，倒更像一种常绿灌木，三五尺高，叶片呈椭圆形，形似茶叶。

由于果实长得非常像蓝莓，甚至有不少人把它误认为是蓝莓。而早先，农人们对乌饭树是颇为熟悉的。到了如今，大家倒颇有点"相见不相识"的味道了。

朋友圈里，那位巧手大姐热心地一一回复，还让大家用手机下载一款识别植物花草的神器——"形色"APP，哪怕在山野林间，也可以方便地进行拍摄和辨认，还提供了她的采摘经验：乌饭树多长在半

219

山至山顶处，藏在灌木丛中，采摘时要注意风险。

恰逢四月，正是乌饭树叶采摘的最佳时节。

说来也巧，在拜访位于磐安安文街道的民宿云舍时，我恰好偶遇了这道江南时令美食。

2

云舍的主人，叫老金，之前一直在上海打拼。

"老家的那山、那水、那人，还有那些家乡味道……时不时地会映在自己的脑海之中，那种对家的渴望，从未减弱。"

于是，三年前，他回来了，并在老宅的基础上，打造了如今的民宿。而乡愁记忆里的一碗碗家乡味道，也呈现为云舍餐桌上的一道道地道美食，并成为老金经营民宿的一大招牌。

他的院子前后，就用盆盆罐罐种了不少乌饭树，"每年的农历四月，乌饭的叶子最鲜嫩了。早了，还没有抽出嫩芽；晚了，乌饭叶就变老变青了，榨不了汁"。

"不时，不食"，这是山里人家的讲究与哲学。

而在我看来，这种食物和时间的亲密关系，分外动人，带着大自然某种神秘的烙印。

通过老金的介绍，我了解到，制作一碗好吃的乌米饭，需将鲜嫩的乌饭叶用手搓洗干净，去掉秆子，剁碎也好，捣碎也罢，加水，浸泡一晚，到第二天再过滤掉渣叶，水就会呈现出一种淡淡的黄褐色。拿这汁水浸米，乌饭叶的精华才能被糯米粒充分吸收。

这一道工序有趣极了，我不禁跟老金打趣道，用时间让水和米互相渗透磨合，就如同谈了一场恋爱，"你中有我，我中有你"，堪称奇妙。

而蒸煮乌饭，以柴火灶为宜。小火慢煮，在蒸汽弥漫中，糯米饭渐渐变色，颜色越来越深，越来越紫，直到变成黛青色。当然，还可以在里面窝上青豆、火腿丁、笋丁，或者枸杞、果仁、干果，等等，那就更加诱人了。

<h2 style="text-align:center">3</h2>

拜访云舍的那天，老金一家正好在制作乌米饭，等蒸煮完成，他从厨房端出一碗给我，配上一点小菜，几口吃完，熨帖又满足。

吃完继续聊起天来，才喝了几口茶，热情的老金又从厨房端出了刚出蒸笼的馒头。

白面馒头被盛在润泽得呈现出琥珀色的竹箩筐中，刚刚出笼，还有点烫手，却是令人禁不住的香味诱惑。拿起馒头，咬上一口，酥软的面皮立即征服了我的舌尖——面皮暄软，入口即融，底部干净，没有油渍渗出，而肉馅汁水饱满，浓香四溢，我忍不住吃了两个。

话题也从乌米饭转移到了馒头，再聊到厨艺，老金说，当初老宅改造完成，民宿经营刚起步，为了更好地呈现磐安风味，夫妻俩拜本地大厨为师，可是好好学了一番手艺，之后，还把厨房进行了现代化的改造。

干净明亮的操作间里，还特地装上了一个无烟柴火灶台。

如今，简洁宽敞的餐厅可供几十人同时就餐，而陈列在展示柜里的竹篮、竹箩、蓝边碗、瓦罐，等等，都是老金收集来的磐安民间老器物，在他看来，留住了老手艺，正是留住了乡愁。

4

很多时候，我们记住乡愁、怀念乡村，往往是想念那些与大自然无限贴近的辰光，以及乡村自由悠闲的生活节奏。

如今，云舍的堂前屋后，就连"巴掌大"的土地也被老金亲力亲为地打造成迷你菜园，而不远的田地里，他还操持着一个规模不小的果蔬园。

春种几株秧苗、秋收几把茄子，一年四季都有新鲜蔬菜水果。

无论是青菜、青椒、番茄、茄子、四季豆，还是毛茸茸的葫芦和圆滚滚的冬瓜，都是自给自足，到田头一摘，便可直接拿到厨房烹饪了。

老金说："或许还有很多人和我一样，喜欢在土地中劳作的感觉，亲近泥土。"

所以，云舍的厨房，不仅是通透无盲区的阳光厨房，还是开放式的，住在民宿之中的客人如果愿意，谁都可以在菜园里劳作一番，并在厨房中一展身手。

"种豆南山下，草盛豆苗稀。晨兴理荒秽，带月荷锄归"，想象着古时陶公便也是这般侍弄他的一亩三分地，我也似乎能读懂几分囿于田园和厨房的快乐了。

美食和春光，皆不可辜负

　　临近傍晚，老金一家早已准备好了一大桌美食：冒着热气的金黄色土鸡汤、翠绿的有机小青菜、香椿炒土鸡蛋、野生小溪鱼……

　　没有奢侈的山珍海味，但每一道菜都是考究的选料和精心的烹饪，最大限度发挥了食材的新鲜度，真真是十分"落胃"。

　　在我看来，美食和春光，皆不可辜负，这大概是人和自然万物相处中形成的最具烟火气的生活美学了。

@ 磐安文旅

　　#磐安美食 #冬天来啦，快来
磐安吃个热乎乎的饼吧！！！

打开抖音搜索页扫一扫

故隐

追逐梦想的每一天，都是美满

文 滕 艺

这个楚楚动人的庭院，
像是里头住着童话里的仙子，
有一股奇妙的魔力，
不断吸引着来往的游人。

1

故隐的庭院真美。

门口一座圆拱门，爬满了绿色植物，栅栏围起的草坪开满了鲜花，黄色的向日葵、粉色的山茶、白色的蔷薇……翠绿的灌木有人精心修剪过，让庭院显得更加温馨别致。

穿过圆拱门，右手边一座四层独栋的房子，就是故隐民宿。正面的双侧楼梯直通二楼，搭配乳白色的复古扶手，为房子平添了几分欧式情调。

往院子深处走，是一个宽阔的室外空间，主人羊羊在这里搭了一把大遮阳伞，摆上桌椅和秋千。

院子里风景独好，放眼望去尽是连绵的山峦

在这里坐上一会儿，心情瞬间愉悦起来。

院子里风景独好，放眼望去尽是连绵的山峦。故隐位于村庄的高处，站在院子里居高望远，感觉眼前的青山离得那么近，好像一伸出手，就能摸得到大山表面毛茸茸的绿树了。

远处的青色山顶，巨大的白色风车缓缓地转动着，像油画一样。

微风轻轻拂过山头，又拂过面颊，此时此刻，什么都不愿想，只想静静感受大自然的温柔。

2

这个楚楚动人的庭院，像是里头住着童话里的仙子，有一股奇妙的魔力，不断吸引着来往的人。

假日里，常有开车自驾上山的游客，偶然来到三亩田村寻找住处，会把整个村子来来回回转上几圈。

故隐是一间"自带流量"的民宿。

"有些客人把村里转了个遍，又回到我这里，说就想住在这儿。"每当这种时候，羊羊的心里总会陡生出一些成就感来。

有诗云："庭前杏树手亲栽"，说的正是羊羊。

刚把房子租下来的时候，院子的沟渠堆满了被风吹来的垃圾，原主人把一小块地围起来，种着小葱青菜，看上去有些乱糟糟的。后来羊羊自己动手，把杂草都拔了，改成一片绿油油的草坪，沟渠也填起来，种上平整的灌木，再买些多肉植物放在院子里，吸收阳光和雨露。

"离我理想的样子还差点儿。"羊羊的心里有个更高的标准，她总是笑着说，买的都不是些贵重的东西，但故隐的角角落落都是她用心创造的。

最初选择这栋房子开民宿，正是因为三亩田村的空气清新、环境优美，她自己来过一趟，也流连忘返，加上房子的硬件条件也不错，她就暗暗下了决心：只要有坚定的目标，小步快跑着前进，一定可以做到令自己满意。

自己满意的前提，当然是客人住得舒心。房间一定要干净整洁，服务要周到热情，让客人开开心心进来，心满意足离开，是她一以贯之的态度。

凡事就怕认真二字，一旦用了心，心意就会传递出去，不远万里。

故隐在一天天变得更好。

居高望远，感觉眼前的青山近在咫尺

3

羊羊是台州仙居人，开民宿之前，她在家里养育两个孩子，现在孩子长大了，忙于课业，也有了自己的世界，羊羊也终于有了属于自己的时间。

她想做点什么。

思来想去，开民宿的梦想一直在心里闪烁着。

为了开民宿，她驾车到处看景选址，还专门到朋友经营的民宿工作了整整一年，积累了运营民宿的经验。

在故隐住了两天，发现羊羊真是个脚踏实地、亲力亲为的人。

民宿上上下下基本上都是她一个人打理的，每次有朋友问羊羊，老是住在山里不无聊吗，她都觉得很奇怪，从早到晚有做不完的事情，怎么会无聊？光是把院子里的植物轮流照顾一遍，浇浇水、除除草，已经要花去小半天的时间了。

羊羊会在院子里放一台小小的音箱，一边听歌，一边悠闲地打理庭院。小狗"奶茶"总喜欢跟着她，没来由地跑来跑去，累了就趴在她的脚边呼呼大睡。

"今天天气那么好，我带你们去山上玩吧！"

羊羊笑容可掬，让人觉得亲近，怕耽误做晚饭的时间，她赶紧停下了手里的活儿，快速地收拾一下，就招呼我们上了车。

听她说，在山顶能见到很多牛，平常牛儿到处走动，也不怕人，我们有点兴奋。车子循着山路缓缓上坡，一路风景如画，远处的巨大风车依然静静转动着。

等我们到了山顶，忽然飘来阵阵云雾，没有见到牛的踪影，兴许是天气的变化，牛群躲了起来。我们被山顶远眺的风景吸引住了，没有注意到云雾正越来越浓，很快就被白茫茫的仙气环绕，眼前的景致也看不真切了，气氛竟变得有些神秘起来。

假如来到三亩田村，一定要沿着山路去山顶看看。

那个午后，美得像一场梦。

4

时间倏忽而过，天上云卷云舒，该准备晚饭了，羊羊把我们带回故隐，只身走进厨房。不消一会儿，就端上来满满一桌子农家菜：笋干烧肉、清炒四季豆、油焖茄子、青椒木耳炒肉片、清蒸土鸡蛋……喷香下饭，简直让人停不下来。

住在这里，时间总是过得很快，好像刚闭上眼睛，天就亮了

"做菜我还是比较拿手的。"对于自己的厨艺，羊羊自信得可爱，来住宿的客人吃了都赞不绝口，难怪她的民宿有不少回头客。

边吃边聊着，天色暗下来，院子里亮晶晶的。

羊羊从网上买来的串灯挂在院子的矮栏上，夜里亮起来，忽闪忽闪的。头顶有明月，身旁有繁星，煞是浪漫。

"明天都睡个懒觉吧，醒了就过来吃早饭。"

在故隐的时间总是过得很快，好像刚闭上眼睛，天就亮了。

一夜无梦，醒来是个晴天。屋里不见羊羊的踪影，循着香味走进厨房，看到她准备了一桌鲜美小菜，还有一大锅白粥，番薯、西瓜，应有尽有。吃得心满意足，拍拍肚皮，准备开启崭新的一天。

在故隐小住几日，就像浑身注满了能量，又可以回到现实世界，去打一场硬仗了。

@ 磐安文旅

来世界第一高空悬廊邂逅一场
春雨里洗过的纯净吧 #我想约你
去磐安

打开抖音搜索页扫一扫

黄精小院

一院两楼三餐四季 ✖ 吴卓平

做设计的不只是人，
还有山里的空间和时间。

1

　　沿着平缓的村道，进入嘉树环绕的殿口村，行不多久，便可看到一处黄墙黛瓦的小院。再往里走，一片澄碧晶莹照眼，那是溪潭的粼粼清波。

　　层峦叠嶂之间，这一汪溪潭仿佛一面清莹的明镜。而前庭里矮矮的石围墙边，绿苔悄悄爬上石磨盘砌的小路，外加四周的青竹、苍山，与不杂一丝尘滓的溪水绿作一处，清幽得让人瞬间忘却了车旅的疲惫。

　　黄精小院就坐落于这片山谷之中。

　　一排单层雅舍，外加两栋二层小楼。简简单单的青瓦

青瓦顶、黄土墙，加之金黄铺地，衬得这一处宅院简素动人

顶、黄土墙，朴朴素素的格子门、阳光廊，加之花香脉脉，更衬得这一处宅院简素动人。

小院有两位主人，是一对父子，大老板叫陈献礼，自称"山里佬"，而平日里，大家都喜欢称他为陈叔，小老板名叫陈琛，是"90后"小伙子。

对于黄精小院，陈叔有话要说。

"当初，听说山上的水是甜的，所以寻水而来，结果盘了十几个弯，眼前一亮，进入一处清幽僻静的山谷，从那时起，我便有了在这里扎根的想法。"

"民宿的前身是山里佬农家乐，只接待吃饭、喝茶，没有住宿。"

2014年，为了提升服务品质，也为了让这一方院子更好地契合山水的气质，农家乐开始转型升级。而设计与装修便耗时三年，时间都去哪了呢？其实，这与父子俩追求完美的性格和想给顾客以极致体验的初衷有关。

2

把老房子融入自然，具有舒适感和愉悦感，并能体现山里的风格，是设计、重塑这处院落的初衷，而陈叔慢慢地发现，做设计的不只是人，还有山里的空间和时间。

当然，民宿的名字也一度让他考虑许久，名字就是定位，选好发展方向，尤为关键。

为了取一个既接地气又有深意的名字，陈叔思来想去，一直拿不定主意。直到某一天，一位正在辟谷的朋友跟他聊起了"黄精"这味药材，让他心生向往。

黄精味甘性平，入肺、脾、肾经。根状茎圆柱状，由于结节膨大，所以"节间"一头粗、一头细，在粗的一头有短分枝。因外形酷似生姜，在磐安本地，人们称之为"野生姜"，是一种药用植物，可泡茶可烹饪，药性温和，具有补脾、润肺生津的作用。

于是，陈叔开始寻找野生黄精，在磐安的高山密林里，他真的找到了，原本对中医药就颇有研究的他还专门学习了黄精的药膳制作方法。很快，民宿的名字也正式敲定，山里佬农家乐更名为山里佬黄精小院。

如今的小院，融入了众多的黄精元素。客来奉茶，喝的是黄精茶；门上、窗上也都刻上了黄精的图案；民宿周边的空地上种满了观赏性的黄精；每个房间里还摆上了黄精茶饮作为伴手礼……

3

这一切，都融入了陈叔满腔的热情。

"人到了这个年纪，对人生的追求就不一样了，民宿成功与否，这里都是赏花听雨、喝茶聊天的好地方，权当是自家别墅，来的每一位客人，我们都会给他家的享受。"

对于他的想法，儿子也大力支持。这一对"爱折腾、有想法"的父子，性格脾气虽不大一样，但一旦决定在同一件事情上下番苦工，爆发出的能量便超乎想象。因此，在民宿建设方面，往往由老陈提出大致思路，小陈则从细节上入手，打磨每一个角落、每一样产品。

比如，冬天的山中小院略显湿冷，为了不影响居住的舒适度与体验感，房间里全部装上了地暖。地暖需要地砖配套，为此，他们又定制了一大批青砖，尽管价格高昂，预算超了又超，但铺好之后的确美观，效果也很不错。

比如，外墙的黄泥，光取土就选了十几处地方，"能不用到铁和水泥的地方就尽量不用"，门栓也是木质的，雅观同时为保证安全，专门又重新设计制作，连放东西的麻绳，也是老婆婆纯手工打造，所有的细节算下来，光请木工师傅的人工费就花了四十多万元。

比如，房间的智能门锁，房间里的插座、开关、电视机全部用木头做了外包。甚至小院里外用的钉子，也全是用竹子做的插销。

绿苔悄悄爬上了小路

再比如，陈叔还从各地搜罗了近五千个石磨，小径的铺装是石磨，走廊上的花架是石磨，房间里的茶几是石磨，就连小桥上的护栏也是石磨。

为了营造极致的服务体验，民宿还特设 24 小时厨房，不管客人睡到几点，只要跟陈叔说一声，不久就会送上热腾腾的饭菜，"下厨其实是我的一大爱好，既然来到山里，就要多尝尝山里的味道，吃吃这里的小吃、农家菜、黄精药膳，当然，还有黄精茶"。

4

不仅仅是吃，说到住在山里的好处，陈叔滔滔不绝，如数家珍：

春日里，暖意融融，山花烂漫，赴山中挖笋，晚间餐桌上就此多了一道鲜香四溢的腌笃鲜，那滋味，绝对是一口气能吃下两碗白米饭。

夏至，谷内谷外温差四五摄氏度，满室清凉，暑意全无。

秋天，则是最令人期待的日子，可以上山采摘柿子，制作柿饼和柿子干。自然晒干的柿饼和柿干儿不含任何有害成分，也许含点儿尘土，那也是山风夹带的山野的净土。

冬天的山里，常常无太多事可做，于是，手捧一杯暖暖的黄精茶，磕着喷香的山核桃，闲话家常，便是清冷的冬日最惬意不过的事了。

……

就这样，和陈叔聊着山里的院落、三餐、四季，倒是愈发让人沉浸于"深林人不知，明月来相照"的小隐生活了，也逐渐理解他所说的那句话，"做设计的不只是人，还有山里的空间和时间"。

瞧瞧，除了好吃与好玩，山谷里还藏着朴素的生活美学哩。

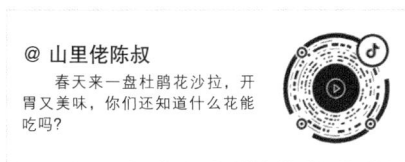

@ 山里佬陈叔

　春天来一盘杜鹃花沙拉，开胃又美味，你们还知道什么花能吃吗？

打开抖音搜索页扫一扫

东篱下

石头会说话

文 吴卓平

这里的阳光、空气、旧屋，
都浸染了古朴的气息。

1

当我到达尖山镇东里村时，恰逢傍晚，郁郁葱葱的山色，掩盖在暮色之中，仿佛私藏了整个江南的灵秀——

山与石、树与竹，皆是自然雕饰，山中鸟鸣、柴门犬吠，则是让内心宁静的白噪声。

下车步入村巷，一股优雅的古意便扑面而至。

西北方，一棵古枫树傲然卓立。乌石砌成的民居，整齐有致，成为古村落的脊骨。雕花的门洞里，一只小猫依偎在发白如雪的老人怀里……

村里的阳光、空气、旧屋，皆浸染着古朴的气息。抚

东篱下

welcome
营业中
欢迎光临

山中鸟鸣、柴门犬吠，都是让内心宁静的白噪声

摸着斑驳的墙体，我似乎能感受到来自石头的记忆与气息，而有些记忆如迷一般，来自遥远的年代。

因此，行走在乌石老街上，听着鸡鸣犬吠声，颇有种时光倒流的感觉。这本是旧村互通的中轴，而街边一处三合院的门顶上，还题有书法作品，分别是"池鱼读月""山鸟谈天"——我猜，晴朗的夜晚，池塘里的鱼儿或许会在水面上睁大眼睛解读月亮的故事；而宁静的白天，林中、屋顶的山鸟或许会叽叽喳喳地闲聊起最近的所见所闻……寥寥八字，我已真切感受到东里村人与鱼鸟草木、与天地自然和谐相处的恬淡意境。

不禁联想，隐于如此清幽之中，该是怎样一种诗意的栖息呢？

2

在乡村振兴的时代背景下，如果说民宿将传统乡村的意趣和现代设计的便捷融为一体，为人们提供更多诗意栖居的可能。那么东篱下正是一颗种子，为古朴的东里村注入了新的活力，让那些静默无语的生命变得生动。

民宿原为东里小学的校舍，始建于 1957 年，共两层十间，呈角尺形布局，紧邻着拥有百年历史的厉氏家庙。据主人厉洪波介绍，学校规模最大时有四个班，一百四十多名学生。

有意思的是，二楼楼顶至今仍完好保存着一个四面敞开的阁楼——彼时，村里只有用铁皮卷成的"土喇叭"，要开会时，村干部便来到阁楼顶，从东、南、西、北四个方向分别发布口头通知，村民听到通知后，就会到指定地点开会。

不过，随着学校的搬迁，小楼业已荒废多时。2018 年，村委会倡议"发展乡村旅游"，厉洪波首先想到了这片闲置多年的校舍，并准备在这儿营造一方新的空间。

他的构思与设计团队一经碰撞，便迅速达成了一致，即保留原本老校舍的乌石墙体，并通过新旧结合来体现传统乌石村舍的古朴之美，再加内部的现代化改造，使其焕发出崭新的活力。这也成就了如今民宿的鲜明性格，"乌石墙、黑科技、纯文艺、很欢乐"，它有渗入山壳的厚重优雅，也有追随时代的轻快生活腔调。

3

石头还是原来的石头，栋梁还是原来的栋梁，瓦片还是原来的瓦片。

厉洪波考虑更多的是，在民宿中能够体验到升华版的乡愁，也就是说，在不改变乌石建筑古风古韵的同时，融入花园、茶室、池塘、书吧、影音室、餐厅等，实现了历史遗存与当代生活共融，古村落景观与人文内涵共存的多重效益。

现在的东篱下拥有八个房间，房间内现代化设施一应俱全，老旧的木地板以最新科技进行了处理，使其具有保温、隔音的功能。每间房也各有景致，坐在窗前便是最佳视角。而院内的池塘，则让一方庭院"鲜活"了起来，山泉被引于此，水面不再波澜不惊，潺潺水声更是"偷得半日闲"的标配，一方庭院、一面池塘，几朵睡莲，每每停留，便升起无限诗意。

院内的池塘，让一方庭院"鲜活"了起来

今年，院内一隅还开辟出专门的阅读空间，书架上摆满了厚厚的历史书与线装书。在厉洪波看来，历史可以被覆盖，也可以被翻阅，但永远无法被抹去，恰如他眼中的东里村，拥有七百余年历史，可俯视，亦可仰望，值得用十二分的虔诚之心去翻阅和书写。而营造一间有梦想和有担当的民宿，既满足了旅客享乐的心，还取悦着这片古老美丽的土地，创造出全新的价值，自是需要加倍用心。

2019年，民宿投入运营后，里里外外的大事小事皆由厉洪波与妻子两人亲自打理。这里的饭菜也由妻子亲自下厨，都是地道的农家菜，用当地的绿色食材，成就一碗碗家常的味道。

在夫妻俩看来，好的民宿不仅仅是好的设计，更得有温暖的感觉。

240

4

在东里村小住了两日，自然、惬意、古朴是我的最深感触。行走在村巷，常有山风鼓荡，竹海涌动回应以阵阵涛声，又可见溪水潺潺，乡人安居呈现出一派恬然。

在我看来，城市与乡野，喧嚣与宁静，不过一座山间小院的距离。

事实上，这些年，来东里村打探想投资开发旅游、民宿的人也有不少。而厉洪波希望，古村能依然保持原有特色，保持原生态，同时也能为村民们带来富裕。

完成采访，回程的路上，倒是突然想起了建筑师王澍在《造房子》一书中写的一段话：

> 如果有人问，什么是中国建筑未来的发展趋势，这是在今天中国的现实中特别难以回答的。我们身处一种由疯狂、视觉奇观、媒体明星、流行事物引导的社会状态中，在这种发展的狂热里，伴随着对自身文化的不自信，混合着由文化失忆症带来的惶恐和轻率，以及暴富导致的夸张空虚的骄傲。但是，我们的工作信念在于，我们相信存在着另一个平静的世界，它从来没有消失，只是暂时地隐匿。

就地取材而建的家园，往往蕴含着朴素的乡村建筑美学。我猜，东篱下和东里村，或许就是那"另一个平静的世界"吧。

统　　筹：王佳慧
责任编辑：杨沛武
责任印制：冯冬青
封面设计：中文天地

图书在版编目（CIP）数据

　山中小住 / 稻田读书主编 . -- 北京：中国旅游出
版社 , 2022.5
　　（中国民宿生活美学）
　　ISBN 978-7-5032-6918-9

　Ⅰ. ①山…　Ⅱ. ①稻…　Ⅲ. ①旅馆－介绍－磐安县
Ⅳ. ① F719.2

　中国版本图书馆 CIP 数据核字（2022）第 021442 号

书　　名：山中小住

作　　者：稻田读书　主编
出版发行：中国旅游出版社
　　　　　（北京静安东里 6 号　邮编：100028）
　　　　　http://www.cttp.net.cn　E-mail: cttp@mct.gov.cn
　　　　　营销中心电话：010-57377108，010-57377109
　　　　　读者服务部电话：010-57377151
排　　版：北京中文天地文化艺术有限公司
印　　刷：北京金吉士印刷有限责任公司
版　　次：2022 年 5 月第 1 版　2022 年 5 月第 1 次印刷
开　　本：889 毫米 × 1194 毫米 1/32
印　　张：7.75
字　　数：171 千
定　　价：68.00 元
ＩＳＢＮ　978-7-5032-6918-9